DAVID LEWIS

SUPERA EL RECHAZO

A menos que se indique lo contrario, las citas de la Escritura han sido tomadas de la Biblia Reina-Valera 1960 ®© Sociedades Bíblicas en América Latina, 1960. Renovado © Sociedades Bíblicas Unidas, 1988.
Utilizado con permiso. Reina-Valera 1960® es una marca registrada de Sociedades Bíblicas Unidas, y se puede usar solamente bajo licencia.
Las citas marcadas como "NVI" han sido tomadas de la Santa Biblia, NUEVA VERSIÓN INTERNACIONAL® NVI® © 1999, 2015 por Bíblica, Inc.®
Usado con permiso de Bíblica, Inc.® Reservados todos los derechos en todo el mundo.
Las Escrituras marcadas como "TLA" están tomadas de la Traducción en Lenguaje Actual, Copyright © Sociedades Bíblicas Unidas, 2000. Usado con permiso.
La Santa Biblia, Nueva Traducción Viviente, © Tyndale House Foundation, 2010. Todos los derechos reservados.
Las Escrituras marcadas como "DHH" están tomadas de la BIBLIA DIOS HABLA HOY, 3 EDICIÓN.
Dios Habla Hoy ®, Tercera edición © Sociedades Bíblicas Unidas, 1966, 1970, 1979, 1983, 1996. Usado con permiso.
Las Escrituras marcadas como "RVR1995" están tomadas de la versión Reina-Valera 1995. Reina-Valera 95® © Sociedades Bíblicas Unidas, 1995. Usado con permiso.
© 2005, 2008, 2012, 2015 Centro Mundial de Traducción de La Biblia
© 2005, 2008, 2012, 2015 Bible League International
Reina Valera Contemporánea ® © Sociedades Bíblicas Unidas, 2009, 2011.

SUPERA EL RECHAZO
UN CAMINO PARA SANAR A OTROS

POR DAVID LEWIS

Editado por: Gisela Sawin
Diseño interior y portada: Pablo Montenegro
Publicado y Distribuido por EDITORIAL RENACER
Paperback 978-1-963920-20-8
Hardcover 978-1-963920-21-5
E-book 978-1-963920-22-2

Impreso en COLOMBIA

Todos los derechos reservados. Este libro está protegido por las leyes de propiedad intelectual de los Estados Unidos de América. Este libro no puede copiarse ni reimprimirse con fines comerciales o lucrativos. Se permite y fomenta el uso de citas breves o la copia ocasional de páginas para el estudio personal o en grupo. Se concederá permiso previa solicitud. A menos que se indique lo contrario.

Contenido

DEDICATORIA 5

AGRADECIMIENTOS 7

COMENTARIOS 11

INTRODUCCIÓN 19

CAPÍTULO 1
SUEÑOS PROFÉTICOS 21

CAPÍTULO 2
HAY UNA PALABRA QUE TE PRESERVARÁ 35

CAPÍTULO 3
EL PROCESO HACIA TU DESTINO...................................... 53

CAPÍTULO 4
LA SANIDAD SERÁ CLAVE PARA TU PRÓXIMO NIVEL 71

CAPÍTULO 5
EL CAMINO CORRECTO HACIA TU DESTINO......................... 85

CAPÍTULO 6
PONLE NOMBRE A TU DESTINO 99

CAPÍTULO 7
DECISIONES QUE CONDUCEN A TU PROPÓSITO.........................115

CAPÍTULO 8
UNA OBRA EN CONSTRUCCIÓN...131

CAPÍTULO 9
VENCIENDO LA DERROTA CON UN CORAZÓN DETERMINADO 147

CAPÍTULO 10
EL CUMPLIMIENTO DE UNA PALABRA..165

CAPÍTULO 11
LIDERANDO DESDE LAS CICATRICES DEL RECHAZO....................... 179

CAPÍTULO 12
NO PIERDAS DE VISTA LA PROMESA, MANTENTE EN EL ALTAR......... 193

CAPÍTULO 13
LAS DECISIONES QUE TOMES AFECTARÁN TU DESTINO 207

CAPÍTULO 14
SUPERANDO EL RECHAZO.. 223

Dedicatoria

¡Qué honor llamarme *hijo de Dios*! del único que merece el primer lugar en mi vida. Aquel que nunca me dejó en todo este proceso, quien estaba conmigo cuando dormía, pero también cuando no podía dormir, pensando en lo próximo a escribir. Gracias, Padre por permitirme escribir una historia para inspirar a mi generación, y decirles a través de estas letras lo bueno que has sido en mi vida.

Gracias Dios por escogerme a pesar de mi pasado, a pesar de ser inmerecido o descalificado y aun rechazado desde el vientre de mi madre. Gracias por elegirme y mostrar tu misericordia en mi vida, eres el mejor padre y en tus brazos estoy seguro. Gracias por salvarme, elegirme desde el vientre de mi madre y cuidarme hasta hoy. Eres mi autor principal y sin ti nada de esto hubiese pasado, porque mi historia es escrita a base de lo que tú hiciste en mí, y sin eso no hubiese sido posible escribir este libro.

Dios te bendiga.
Que Este libro sea un faro
de Esperanza En medio del rechazo,
Y que Encuentres En el La Fortaleza
que Dios tiene preparada Para
ti

David Lewis   Papá.

Agradecimientos

Rafael, mi hermano, lloro al escribir estas letras porque has sido una parte crucial en mi vida y una gran inspiración. Gracias por motivarme a no abandonar cada vez que pretendía soltarlo todo, por las veces que me viste llorando mientras escribía este libro y en esos momentos decirme: «Tú puedes, Lewis, yo confío en ti». Recuerdo esos días de frustración donde no me sentía inspirado y estuviste ahí para recordarme que hay una generación que necesita saber más de lo que Dios ha hecho en mí. Gracias por nunca juzgarme al verme llorar en los vuelos mientras escribía, y ser ese pañuelo de lágrimas que estuvo conmigo desde el principio. Gracias por ser un canal para mi sanidad y aun por cada corrección en el trayecto. Sobre todo, gracias por ser un amigo.

Papá Julio, te amo y te agradezco por las cosas buenas que plantaste en mi corazón y por aquellas que quizás no entendía en su momento, pero ahora entiendo. Eres el mejor papá del mundo y solo puedo decirte que vencimos y lo logramos.

Mamá Santa, no tengo cómo describir y agradecer el pilar que has sido para mí en toda esta trayectoria. Escribiendo estas líneas me doy cuenta de que no son suficientes las palabras para expresar lo que representas y el papel tan importante que has jugado en toda mi vida. Gracias por tus oraciones, porque tus rodillas tienen muchas victorias ganadas y una de ella ha sido todo lo que Dios ha hecho conmigo. Eres una supermamá y hoy me siento honrado de llamarme tu hijo.

Papá Rafael, qué gran honor me dio la vida de conocer una persona tan maravillosa, capaz de aceptarme tal y como me viste desde el inicio. Gracias por darme el amor y el afecto que me hacía falta, por ser ese canal de crecimiento interno y por no haberme rechazado cuando llegué a tu casa.

Mamá Lissette, mi segunda madre, qué honra es tenerte en mi vida. No sabía que te amaría tanto y agradezco a Dios por ti, por ser parte de mi historia y ser esa madre que en mis peores momentos estuvo siempre junto a mí. Gracias por llorar cuando me veías llorar, pero también gracias por reír al verme reír. Sin duda alguna, eres una super mamá. Te amo.

Hermanito Julio Jr., gracias porque fuiste el primero que Dios usó para ayudarme a realizar mi primer tema musical y uno de los que siempre creyó en lo que Él depositó en mí. Has sido un canal de bendición y un pilar de oración durante todo mi proceso. Te amo.

AGRADECIMIENTOS

También honro la vida de cada uno de mis adorables hermanos, Oscar, Sujeidy, Miguel, y mis hermanos de crianza, Eliot, Luis y Jean Carlos, los amo.

Amós y Angelina, gracias por ser una columna de crecimiento y apoyo en todo el sentido de la palabra. Por creer en el depósito de Dios sobre mi vida y por ver en mí lo que yo mismo no veía. Ustedes estarán en mi corazón por siempre y honraré todo el esfuerzo que hicieron por acompañarme donde hoy estoy.

Pastores Moisés e Ingrid Bell, Dios los puso en mi camino para ser esa voz profética que activó y aceleró lo que Él había dicho de mí. Gracias por ser de inspiración y motivación a mi vida espiritual.

Dios nos regala familias a las que nunca podremos olvidar, como la *Iglesia de Dios de la Profecía*, en Villa Juana, la cual ha sido para mí una de ellas. Siempre recordaré que las mejores canciones que he escrito nacieron en esa plataforma pequeña, pero grande de espíritu y corazón. ¡Los amo mucho, iglesia amada!

Joan Bonilla, agradezco a Dios por ti. Eres un gran ser humano y tienes un gran corazón. Fuiste esa persona que me motivó a terminar este libro e hiciste todo lo necesario para conectarme con la persona correcta para que esto sucediera, gracias.

Y a ti, querido lector, quiero también darte las gracias por tener este libro entre tus manos. ¡Ya estamos listos para recorrer estas páginas juntos!

Comentarios

Creo que actualmente soy la persona más cercana a Lewis. He estado a su lado desde sus peores temporadas, sus fracasos, su anonimato, hasta los tiempos en donde la película comenzó a tomar color y la gracia de Dios nos trajo hasta donde estamos hoy. No fue fácil para él salir de Antigua, dejando atrás a su familia y toda su comodidad, siguiendo una palabra de Dios para ir a una nación donde no conocía absolutamente a nadie. Su experiencia me recuerda a la historia de Abraham en el libro de Génesis, cuando tuvo que caminar hacia lo desconocido, obedeciendo la voz de Dios, para luego disfrutar de la tierra prometida donde fluía leche y miel.

De la experiencia de Lewis y la de Abraham, puedo extraer un principio poderoso que se repite a lo largo de la historia: Luego de cada sacrificio, hay un beneficio; luego de cada esfuerzo, viene un resultado; y luego de muchas lágrimas, llegan carcajadas de alegría. Este patrón lo podemos ver reflejado en toda la Biblia: luego de la cisterna de José, vino el palacio; luego del horno de fuego de los tres varones hebreos, vino la libertad; y luego de la cruz, vino la salvación de toda la humanidad.

He tenido el honor de vivir muy de cerca todo el proceso de escritura de este libro que tienes en tus manos. He visto a Lewis escribiendo durante días y días, horas y horas, sin descansar. Lo he visto emocionado y contento, pero también lo he visto llorando, gimiendo, y exprimiéndose al máximo para no dejar fuera ninguna parte de su historia con la intención de bendecir tu vida. Lewis quiere que entiendas que esta temporada que estás viviendo no es tu final. He sido testigo de su dedicación: mientras todos trataban de descansar en los aviones, en los buses o en los hoteles durante las giras, Lewis estaba escribiendo. Fueron muchas las veces que le llamaba la atención, como si fuera mi propio hijo, pidiéndole que dejara el libro a un lado para descansar un poco. Pero la pasión que él tenía siempre fue mayor.

"Supera el rechazo" más que un libro; es un testimonio de la gracia y la fidelidad de Dios en medio de las dificultades. Estoy seguro de que las palabras de Lewis tocarán tu vida profundamente. Este libro te recordará que, aunque enfrentes momentos difíciles, después de la tormenta siempre viene la calma, y que cada sacrificio que hagas será recompensado.

Lee con el corazón abierto, y deja que esta historia te inspire a seguir adelante, sabiendo que lo mejor aún está por venir.

RAFAEL TEJADA
Vocalista principal Grupo Grace

Así como no es lo mismo predicar un mensaje que ser un mensaje, no es lo mismo escribir un libro que ser el testimonio vivo de lo que se escribe en él; y por la forma como Dios lo ha levantado y ayudado a desarrollarse por encima de todas y cada una de las dificultades que ha enfrentado, hasta llevarlo a ser el gran referente de impacto que es a su generación, David Lewis tiene todo el aval y este aval queda expresado, en cada una de las páginas de este escrito, en el que nos instruye de forma poderosa sobre cómo levantarnos y superar las limitaciones que se nos presentan cuando enfrentamos cualquier tipo de rechazo.

En este libro, con un lenguaje llano y a la vez lleno de sustancia, Lewis nos invita a superar las marcas que pudimos adquirir en nuestro pasado y tomarlas para convertirlas en un gran testimonio en nuestro presente.

Oramos para que este libro bendiga tu vida, te dé instrucción y te ayude a vencer todo lo que el enemigo pensó que te vencería.

YESENIA THEN
Pastora principal y fundadora del ministerio
Internacional Soplo de Vida.

He tenido el privilegio de conocer a David Lewis durante varios años y ser testigo de su crecimiento espiritual. Desde el primer día que lo vi junto a Rafa, su compañero de ministerio, y dirigí una de sus voces para Grupo Grace, noté su pasión por Dios y su deseo de compartir el mensaje que transformó su vida.

Con el tiempo, he visto cómo Dios lo ha usado para llevar Su Palabra a través de la música, y ha preparado plataformas donde vidas son impactadas con su testimonio.

Hoy, Dios le ha permitido plasmar parte de su recorrido en "Supera el rechazo". Más que un libro, es la historia de alguien que enfrentó el rechazo y encontró en Dios su fortaleza. Cada página refleja vivencias reales y la fe que lo sostuvo. Lewis no habla desde la teoría, sino desde su propia experiencia, y eso es lo que hace que este libro tenga tanto poder.

Estoy convencido de que esta obra será una herramienta de bendición para quienes buscan descubrir su identidad en Dios. Si necesitas recordar que tu valor no lo define tu pasado, sino el plan de Dios para tu vida, este libro es para ti.

ROBERT GREEN
Vocalista principal del grupo Barak

Cuando inicié en la música tuve la oportunidad de conocer a David y leyendo este libro pude darme cuenta de todo lo que él tuvo que pasar y superar para llegar a donde está hoy. A través de esto puedo ver como tener una relación con Dios sana tu vida desde el interior hasta el exterior, porque creo que cada uno de nosotros hemos sido víctimas en algún momento del rechazo y Lewis es un ejemplo de que el rechazo no es una limitante para ver todo lo que Dios ha dicho de ti.

Te invito a leer este libro porque creo que será de mucha bendición a tu vida y verás como el rechazo se convierte en el pretexto de Dios para cumplir su propósito en ti y hacerte saber que si hay algo que importa es aquello que piensa el Señor acerca de ti.

Hoy junto a David a través de cada una de estas páginas que leerás, quiero invitarte a superar el rechazo dándote cuenta de que aquel que tenía la potestad de lanzar la piedra en tu contra está dispuesto a levantarte y restaurarte.

KAREN CEDEÑO
Voz principal De Oasis Ministry

El testimonio de David Lewis en "Supera el rechazo" resuena profundamente con la historia de Jabes en la Biblia (1 Crónicas 4:9-10). Al igual que David, Jabes también fue marcado desde su nacimiento por el dolor y el rechazo. Su nombre mismo, que significa "dolor," lo identificaba con una vida de sufrimiento. Sin embargo, lo que cambió la vida de Jabes fue su decisión de invocar a Dios en medio de su situación, una decisión similar a la de David cuando eligió no ver el rechazo desde los lentes de víctima, sino verlo como un trampolín y una fuente de impulso al éxito integral.

Este paralelo nos recuerda que, cuando confiamos plenamente en Dios y le permitimos obrar en nuestras vidas, somos capaces de transformar el dolor y el rechazo en una fuente de fortaleza y propósito. Dios no solo nos ayuda a superar el rechazo, sino que nos da la capacidad de convertirlo en una oportunidad para crecer y cumplir con el destino que Él ha preparado para nosotros.

Jabes no permitió que el rechazo definiera su destino. En lugar de aceptar su situación con resignación, invocó a Dios. La palabra "invocar" significa llamar con urgencia y necesidad. Cuando Jabes invoca a Dios, está trayendo a Dios a su situación, involucrándolo en su vida y reconociendo que solo en Él puede encontrar solución, alivio y bendición. Al invocar a Dios, Jabes reconoció su completa dependencia de Él y le pidió que le bendijera, ensanchara su territorio, estuviera con él, y lo librara del mal para no causar más dolor.

Este libro que David Lewis pone hoy en tus manos es sin duda la llave que necesitabas para salir de la cárcel del victimismo, conmiseración y desprecio, para mudarte al palacio de nuevas oportunidades. Recuerda esto siempre: el rechazo es solo un capítulo en mi andar, si a Dios invoco, puedo renacer y brillar.

MOISÉS BELL
Pastor principal de la iglesia Gloria Postrera

Un día, llegó un joven a mi estudio. Era muy callado, incluso tímido, y se le notaba reservado. Nos encontrábamos en una reunión, y mientras compartíamos, él permanecía en un rincón, observando en silencio. Las horas pasaban, y yo no podía evitar preguntarme: "¿Qué trae Dios con este joven? Señor, ¿qué quieres mostrarme a través de él?"

A simple vista, cualquiera podía juzgarlo: era delgado, no hablaba mucho, apenas cantaba, y parecía estar siempre en segundo plano. De hecho, durante la reunión, le hacía constantes señas a su compañero, como si no quisiera llamar la atención. En ese momento, solo pude decir: "Que Dios tenga misericordia". Sin embargo, al pasar los días y luego los meses, empecé a notar algo en él. Aunque no era alguien que sobresaliera en un primer encuentro, había en él una disposición especial para escuchar y aprender. Con el tiempo, me di cuenta de que había en él una grandeza oculta, un liderazgo que estaba esperando salir a la luz.

Cada vez que nos reuníamos, ese potencial era cada vez más evidente. Y hoy puedo ver las grandes cosas que Dios ha hecho con él, tanto en su carrera como en su ministerio. Antes, grabar una canción tomaba mucho tiempo en el estudio, pero, de repente, fui testigo de cómo Dios lo transformaba, dándole gracia, inspiración, y un perfil que solo podía venir de lo alto.

Comenzó a escribir canciones, como "En los brazos de papá" del grupo Grace, y "Rompan el techo", las cuales han tocado miles de corazones. Dios desató en él una creatividad que ha impactado no solo en nuestro país, sino también en las naciones. Y así, lo que en un principio parecía solo una piedra en bruto, comenzó a brillar como un diamante.

AMÓS FERRERAS
Mentor

Introducción

Como sabemos, las decisiones de los padres marcan la vida de los hijos, ya sea para bien o para mal. La orfandad y la falta de identidad en ellos es consecuencia del desorden emocional de los padres. El temor y el rechazo son los síntomas que un niño manifiesta como resultado de una mala formación en su desarrollo.

Donde no habita Dios, hay desorden. Pero cuando Él está, todo es diferente. Los hombres y las mujeres de llamado, en su gran mayoría, no tienen un lindo pasado que contar.

La Biblia menciona numerosos hombres de Dios que fueron transformados cuando Dios los llamó. Por ejemplo: Abram, Jacob, Josué o Pablo. No importa de dónde vengas, cómo te llames o de qué familia provengas, si no tuviste el mejor hogar, los mejores padres o te criaste dentro de una gran maldición familiar, debes saber que, en tu pasado hay un «punto seguido». Esto significa que tu historia aún no ha terminado. Dios está escribiendo capítulos totalmente nuevos para tu vida. Y aunque hayas sido rechazado y maltratado, podrás superar esas vivencias a través del propósito por el cual Dios te ha traído a este mundo.

¡No renuncies! No te quedes en el camino. Permanece fiel a los sueños que Dios te ha mostrado, al llamado que Él te ha hecho. Y te aseguro que pronto verás el cumplimiento de ese plan en tu presente.

Debes saber que tu pasado es el testimonio de tu presente, para que a través de él puedas bendecir y alentar a la generación del futuro.

¡Prepárate, hay un llamado al que responder y una visión que cumplir!

DAVID LEWIS

CAPÍTULO I

"Intentaron, de todas las formas posibles, apagar el fuego que experimentaba en mi interior, pero no pudieron."

Suelo viajar por muchos países, conocer nuevas ciudades y llevar nuestra alabanza a todo sitio donde nos invitan. Pero no deja de asombrarme ver a cientos de jóvenes llegar al altar rendidos en adoración a los pies del Padre celestial, en cada evento donde nos presentamos. Observo sus rostros bañados en lágrimas, entregando sus vidas y sus sueños delante de la presencia de nuestro Dios.

Es en ese momento cuando me resulta inevitable reconocerme en cada uno de ellos. Puedo vislumbrar a ese joven David a sus catorce años, buscando a Dios con todo su corazón. Era un tiempo de gran cambio en mi vida. Pero al rendirme a Él, estaba totalmente enamorado de Su Presencia. Quería involucrarme en todas las actividades juveniles que la iglesia realizaba, así comencé a ver milagros sorprendentes que nunca había vivido. Sabía que ese era mi lugar. No quería estar en mi casa. Al igual que el joven Jesús, anhelaba estar todas las tardes en el templo y allí poder orar y alabar a Dios. Me postraba en el altar por largas horas, y lloraba profundamente, con gemidos de clamor, pidiéndole a Dios que sanara mi corazón y me diera paz.

Hasta mi adolescencia, la vida no había sido fácil para mí, y sabía que el único lugar donde hallaría paz era allí, cuando mis rodillas tocaban el suelo del templo.

En mi corazón había un profundo anhelo por conocer al Dios del que todos me hablaban y del que mi pastor predicaba, y entendía claramente que la única forma de conocerlo era por medio de Su Palabra y de la oración constante. Eran días maravillosos en Su presencia. No quería salir de la casa de Dios. Allí recibía el amor que mi padre biológico no había podido darme. En Su presencia sentía los brazos de mi Padre celestial rodeándome y sosteniéndome fuertemente.

Hasta ese momento, la relación con mi papá era distante. Siempre había sido escaso y hasta violento en sus palabras y manera de ser conmigo. Pero luego de haberse convertido, poco a poco comenzó a cambiar, aunque dentro de mí todavía había heridas de un pasado que había marcado profundamente mi corazón.

Sin embargo, pese a todo esto, hice real en mí el pasaje donde el salmista David dijo: «*Una cosa he demandado a Jehová, esta buscaré; que esté yo en la casa de Jehová todos los días de mi vida*» (Salmo 27:4).

Durante esos años adolescentes, me estaba aconteciendo algo que nunca había experimentado. Cada vez que doblaba las rodillas para orar en mi pequeña habitación, y cerraba los ojos, me veía en visión delante de muchas personas. Inmediatamente, abría mis ojos, ya que esa imagen me asustaba porque no entendía lo que sucedía. No podía interpretar lo que veía. Eran escenarios multitudinarios, luces que alumbraban y encandilaban. Veía una plataforma y en medio de ella estaba yo, con un micrófono en la mano, predicándole a miles de jóvenes.

Esto me sucedió en varias ocasiones. Mi curiosidad aumentaba cada día. Quería descubrir el significado de estas visiones, de estos sueños, y cada vez que ocurría me postraba en oración. Fue así como Dios despertó en mí el deseo de profundizar mi vida espiritual a través de la oración y la lectura de Su Palabra. Hoy comprendo que Dios me estaba mostrando en sueños proféticos un futuro que aún yo desconocía.

MI LUGAR FAVORITO

Estar involucrado en las cosas de Dios era mi única pasión. Mi corazón saltaba de alegría cuando escuchaba la palabra *«templo»*. El dolor por la ausencia de amor y por el sentimiento de rechazo que sentía se aliviaban cuando estaba allí. Los viernes eran mis días favoritos. Quería que llegaran rápido porque se celebraban las noches de vigilia, y al mismo tiempo era la oportunidad de cumplir mi gran anhelo: ser bautizado con el Espíritu Santo y hablar nuevas lenguas.

En todos los servicios matutinos de oración, en los cuales participaban los ancianos de la Iglesia, siempre estaba yo, el único joven que los acompañaba. En los retiros espirituales, también estaba. No me perdía ninguno de los cultos de gloria y poder. No quería que esos momentos tan espirituales terminaran.

En muchas oportunidades pasaba todo el fin de semana en la iglesia orando en las vigilias y los gloriosos servicios matutinos. El único momento en que mi corazón se entristecía era cuando debía regresar a casa y al día siguiente ir a la escuela. Eso representaba tristeza, llanto, soledad, miedo, angustia, rechazo y muchas veces ansiedad.

Solía llevar a la escuela una biblia pequeña de color azul y cada vez que podía, la leía. En mi corazón ardía un fuego que no quería que se apagara. Lógicamente, los demás estudiantes se burlaban, me ponían sobrenombres ofensivos y muchas veces me maltrataban, hasta que finalmente regresaba a mi casa con lágrimas en los ojos. Intentaron, de todas las formas posibles, apagar el fuego que experimentaba en mi interior, pero no pudieron. Mis catorce años marcaron un antes y un después en la historia de mi vida.

Hoy muchos nos ven en esas plataformas que alguna vez visualicé a través de sueños, pero desde estas páginas quiero que conozcas mi vida, y todo lo que tuve que superar para llegar hasta aquí, y quiero que recuerdes que el Señor en su Palabra establece lo siguiente:

«Mis planes para ustedes solamente yo los sé, y no son para su mal, sino para su bien. Voy a darles un futuro lleno de bienestar»

JEREMÍAS 29:11 TLA

MI HISTORIA FAMILIAR COMIENZA ASÍ...

Antonia Ramírez y Juan Osorio fueron mis abuelos paternos. Mi padre, Julio Ramírez, fue fruto de una familia totalmente disfuncional, donde el amor no existía, sino solo maltratos y rechazos. El orgullo, el odio, el rencor y la división gobernaban sus corazones. Eran muy pobres y vivían en una casa muy humilde en un pueblo llamado Consuelo, en República Dominicana.

En esta, mi familia paterna, solían discutir y pelear hasta ver correr sangre. Todos en el barrio se enteraban cuando algo estaba sucediendo en casa. Los pleitos y la ira eran todo lo que se escuchaba de ellos. Y como si eso fuera poco, practicaban la magia, la santería y la brujería. Dándole así espacio a la maldición generacional, que únicamente intensificaba la pobreza, las peleas y todo tipo de abominaciones, que daba paso al desastre y a la desunión familiar.

La casa de mis abuelos paternos se convirtió en un centro de práctica ocultista. Las personas se reunían allí para practicar la brujería e invocar el nombre de Satanás. Adoraban vírgenes y santos, y encendían velas para recibir respuestas a sus pedidos. También presentaban ofrendas de vino tinto en forma de adoración, para que por la noche sus dioses lo bebieran.

En el ejercicio de sus prácticas espirituales, muchas veces perdían el conocimiento mientras sonaba el tambor y la güira para convocar a sus dioses. Todavía hay cosas aún más fuertes que no podría escribir en estas páginas. Pero la maldición tocó la puerta de la familia Ramírez, y entró.

En medio de ese desorden y esas prácticas, nació mi padre en el mes de julio de 1954. Era el segundo hijo de dieciséis hermanos. Todos vivieron en un hogar totalmente fuera del conocimiento de Dios y sin el mínimo temor por Él. Mis abuelos no eran un ejemplo matrimonial para ninguno de ellos. Todo lo que mi padre veía eran engaños, abusos, maltratos y rechazos constantes que debía soportar.

Eran ese tipo de familias que no soportaban estar juntas, ya que se maldecían mutuamente, y por años no se hablaban, solo guardaban rencor en sus corazones.

Cuando mi padre era adolescente, mis abuelos decidieron separarse, formando una bola de sentimientos negativos y una guerra interna en su corazón. Solo la misericordia de Dios podría reparar algo que estaba totalmente arruinado en la vida de aquel joven que debía enfrentarse a un futuro.

La separación de mis abuelos provocó la independencia total de mi padre, quien salió en busca de una vida mejor para progresar. Soy consciente de que él no recibió los principios fundamentales de la vida para ser un buen esposo ni tampoco un buen padre. Con los años y el amor del Señor, pude comprender que nadie puede dar lo que nunca recibió, y mi padre no había recibido ningún ejemplo ni enseñanza para lograr el buen funcionamiento de un matrimonio, ni cómo ser un padre amoroso, tampoco de cómo superarse en la vida; hasta que conoció a Dios. Él es quien nos da a cada uno la guía para dirigir nuestro destino, pero llegar a la meta siempre va a depender de que seamos conductores responsables. Y que tengamos presente que un buen final le deja un buen inicio a los que vienen detrás.

Dada la situación de pobreza familiar, a los doce años mi padre comenzó a trabajar. Por lo tanto, no pudo terminar la escuela. El contexto en el que vivía lo obligó a tomar esa decisión. Comenzó a lustrar zapatos en la calle. Era un niño limpiabotas. Todos los días recorría la ciudad tratando de encontrar personas con los zapatos sucios, y así ofrecer limpiárselos para ganarse la comida del día. Caminaba por las calles y las casas gritando: «*¡Limpiabotas! ¡Limpiabotas!*».

"UN BUEN FINAL LE DEJA UN BUEN INICIO A LOS QUE VIENEN DETRÁS."

A los quince años decidió aprender el oficio de soldadura y comenzó a trabajar como ayudante en un ingenio donde se producía azúcar. Ahí llegaban los vagones del tren que debían ser llenados y enviados a los diferentes lugares del país. Desde pequeño le gustó el oficio, y de joven esa fue su función en el ingenio azucarero. Soldaba los vagones que llegaban rotos y bregaba con las maquinarias pesadas cuando se partía algún hierro. Con el paso del tiempo se convirtió en uno de los mejores y más solicitados herreros del ingenio.

ESCASEZ, OSCURIDAD Y UN CAMBIO DE APELLIDO

Mi mamá, Santa, también proviene de una familia disfuncional, afectada por la infidelidad y con grandes heridas emocionales a causa de la muerte de su papá, mi abuelo, Oscar Reyes, quien también vivió una vida desordenada e infeliz. Como consecuencia de la viudez de mi abuela, a los trece años mi mamá comenzó a trabajar. Al ser la hermana mayor, debía además cuidar a sus hermanos menores.

En 1979, a los veinte años, mi papá conoció a mi mamá, que tenía tan solo quince años. Se veían todos los días y se enamoraron. Así comenzó su historia de amor. Cada mañana mi madre iba hasta donde mi papá trabajaba para llevarle su almuerzo, pero a cambio de esas expresiones de amor, mi papá solo le daba lo mismo que había recibido en su niñez: palabras hirientes. Sumado a que, como no se conformaba con una sola mujer, era un gran mujeriego que vivía una vida desordenada.

Luego de cuatro años de relación, a los diecinueve años mi madre tuvo al primer hijo: Oscar Ramírez. Luego fueron agregándose a la familia el resto de mis hermanos: Julio, Sujeiry y Miguel Ramírez.

Aunque mi padre era uno de los mejores herreros, en ese tiempo el sueldo era muy bajo. Y por más que trataban de sobrevivir junto a sus cuatro hijos, el sustento no era suficiente. En varias oportunidades ellos dejaban de comer para poder alimentar a los pequeños.

En nuestra casa se reproducía exactamente lo que había experimentado mi papá. Siempre surgían discusiones entre mis padres delante de mis hermanos. Y todo ese enojo lo trasladaban hacia ellos a través de correcciones sangrientas y disciplinas excesivas, hasta finalmente ver a mis hermanos lastimados. Frente a toda esta situación, las palabras amor y perdón no existían. Demás está decir que, tanto mi mamá como mi papá, continuaban con la tradición ocultista de sus antepasados e invocaban espíritus hasta perder el conocimiento.

Para esa época, los ingenios azucareros eran la mayor potencia laboral del país, y muchos extranjeros venían a República Dominicana para trabajar. En esa oleada de inmigrantes, Theophelos Lewis había sido uno de los que había llegado desde la isla de Antigua para trabajar.

> "HAY PERSONAS QUE NO PODRÁN DARTE LO QUE ESPERAS RECIBIR DE ELLOS, NO PORQUE NO DESEEN HACERLO, SINO PORQUE NUNCA LO RECIBIERON."

Mi padre, que era un joven servicial, lo conoció, se hicieron amigos, y como Theophelos era un hombre mayor que no podía hacer las cosas por sí mismo, todos los días mi papá le llevaba a su casa cubetas de agua para que Theophelos pudiera bañarse y además lo ayudaba con los quehaceres de la casa.

Ante la falta de una imagen paterna que se preocupara por él, mi papá se inclinó al cuidado de Theophelos, quien lo aceptó como a un hijo y finalmente lo adoptó, entregándole formalmente su apellido: Lewis.

Para mi papá, como ciudadano dominicano, llevar un apellido inglés y ser reconocido como antiguano representó un gran logro y un avance significativo en todos los aspectos. Personalmente, creo que parte de las maldiciones generacionales provenientes de la familia paterna se cortaron con el cambio de apellido. Luego, mi padre extendió el apellido hacia todos sus hijos.

ASÍ COMO LA VIDA DE JOSÉ

Al detenerme y evaluar estas escenas familiares que describo, es necesario que sepas que yo todavía no había nacido. Pero te aseguro que mi nacimiento no modificó nada, sino que el contexto familiar aún fue peor. Evidentemente, mi vida estaba en los planes de Dios, pero no en los de mis padres.

Sin embargo, es inevitable regresar al jovencito que te presenté al comienzo de este capítulo, desde donde surgen tantas preguntas. Por ejemplo: ¿Cómo un muchacho tan joven que buscaba ardientemente al Señor pudo haber crecido en medio de esta familia de tanta oscuridad?

Es por ello que no dejo de pensar en José, el hijo de Jacob, el menor de todos, y en su hermosa túnica de colores. Me remonto a sus sueños proféticos que lo expusieron a muchos peligros de los cuales Dios lo guardó. Y por más que sus hermanos y aun desconocidos intentaron quebrar el plan que Dios tenía preparado para él, no pudieron.

La vida de José pone de manifiesto cómo Dios puede obrar incluso en medio de la adversidad, y cómo los sueños y la fe pueden ser una guía poderosa en el trayecto a vivir. A pesar de la traición y las dificultades, José nunca perdió su fe.

> **"DIOS OBRARÁ INCLUSO EN MEDIO DE TU MAYOR ADVERSIDAD."**

La historia del joven José me enseñó muchas lecciones valiosas, las cuales quiero compartir contigo:

1. Aunque los sueños de José parecían imposibles, finalmente se cumplieron. Su fe y perseverancia, aun en los momentos más oscuros, lo ayudaron a superar la adversidad.

2. A pesar del daño que le habían hecho, José eligió el camino del perdón, mostrando que el amor y la misericordia pueden restaurar las relaciones.
3. Aunque José, al igual que yo, sufrió muchas injusticias, muchos dolores que a lo largo de estas páginas te contaré, Dios utilizó esas experiencias siempre para bien.

Pero no te apresures, esto recién comienza… Todavía debes participar de mi nacimiento.

CAPÍTULO 2

Hay una palabra que te preservará

«Todavía no había nacido yo, cuando tú ya me cuidabas. Aún estaba yo dentro de mi madre, cuando tú ya eras mi Dios.»

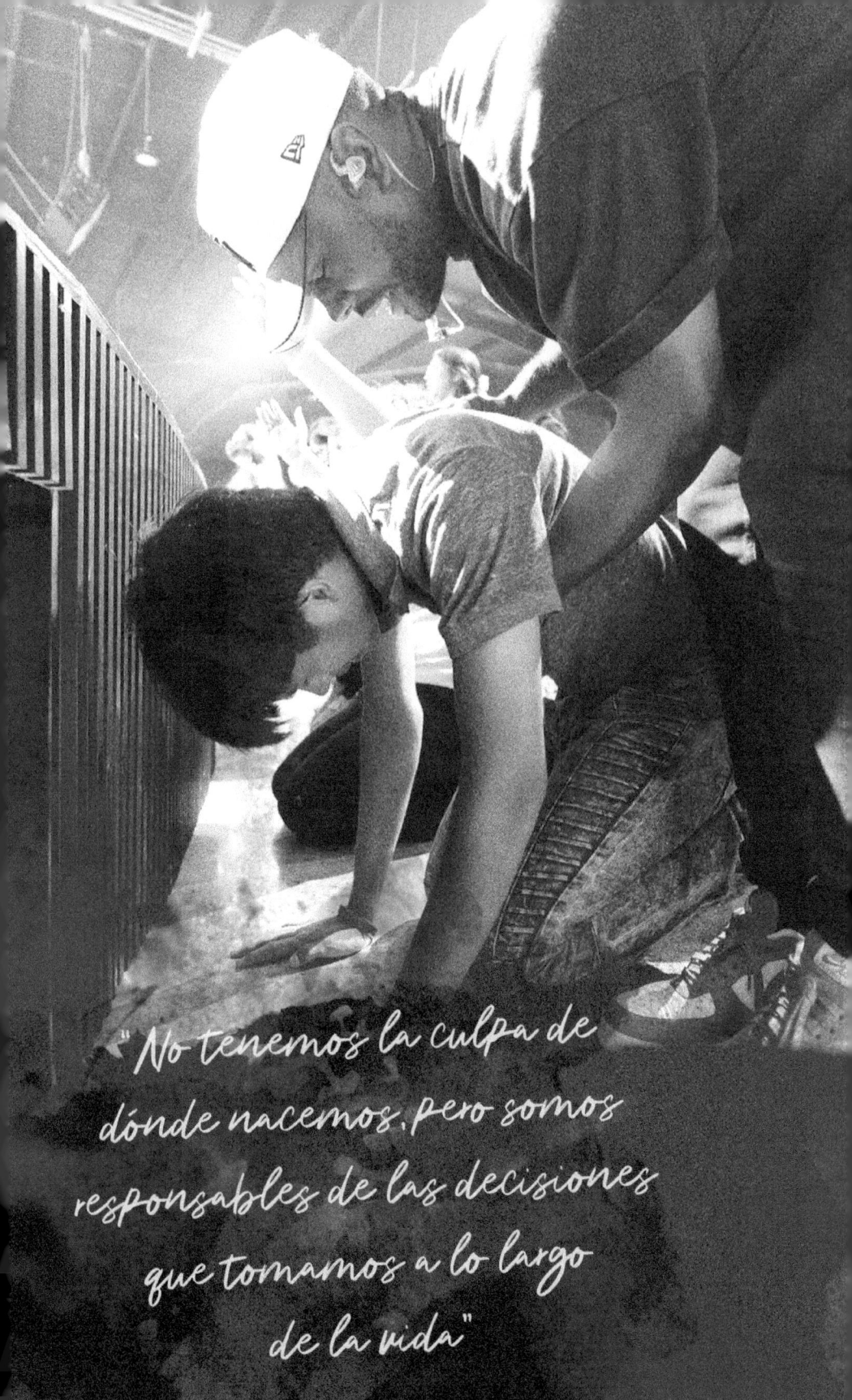

Como muchas familias en República Dominicana, la mía era pobre y no tenía los recursos suficientes para mantener a cuatro hijos. Por supuesto, no planeaban tener más, ya que era imposible conseguir alimento y vestimenta para tantos. Ese era el pensamiento de mis padres durante esa etapa de sus vidas, pero Dios ya había escrito la historia completa de mi familia, y en esa fotografía aparecía un quinto hijo: Yo. Según ellos cuentan, era el peor momento económico de la familia, el momento menos deseado.

Era marzo de 1989 cuando mi madre se dio cuenta de que estaba embarazada. Inmediatamente que supo la noticia, rechazó al bebé que cargaba en su vientre. Para ningún padre es fácil vivir en condiciones económicas tan malas. Criar cuatro hijos es difícil, pero esperar un quinto, para ellos era un error.

Esto llevó a mi madre a tomar la decisión de abortar al hijo que tenía en su vientre, o sea a mí. No tenía otra alternativa. Entonces la depresión, el miedo y las dudas se apoderaron de ella, sus pensamientos la acusaban y mi padre también: «*Todo esto es tu culpa. Fue un error no haberte cuidado*».

Esto trajo una ola de discusiones y culpabilidades que se agravaban cada día. Sin darse cuenta, estaban generando un cúmulo de emociones negativas y de rechazo hacia mí. Hoy, hasta la ciencia afirma que los niños que están todavía dentro del vientre pueden sentir la alegría de un padre y la felicidad de una madre, y también la tristeza y el rechazo de cada uno de ellos.

Mi madre, Santa Lewis, en su desesperación por abortarme, decidió ir a una clínica para ponerle fin a la vida que llevaba en su interior. Estaba decidida a regresar a casa sin el niño.

Al llegar a la clínica y explicarles a los doctores su deseo, ellos inmediatamente la prepararon para el proceso y le colocaron una inyección. Luego decidieron enviarla a su casa para que se produjera un aborto espontáneo. Mi madre no podía entender por qué los doctores la enviaban a su casa con el niño en su vientre. Ella quería regresar sin ese bebé. Lo que ella no sabía era que un Dios sobrenatural tenía planes para mi vida y peleó por la causa de un niño indefenso, que aún no había nacido, pero que estaba destinado a cumplir un plan.

Mientras regresaba, con su mente confundida, mi madre pasó por una iglesia, cerca de la casa. De pronto, desde el interior del edificio se escuchó cantar una canción que decía: *«DÉJAME NACER»*. En ese momento, mi madre sintió que algo sobrenatural sucedió en ella, ya que en tres oportunidades escuchó esas palabras. Lógicamente, el aborto nunca sucedió a pesar de haber estado todo preparado para que así ocurriese y ese día mi madre decidió tenerme.

Para Dios no existen las casualidades, sino los propósitos eternos. Dios peleó tu causa desde que estabas en el vientre de tu madre y preparó el camino para que nacieras. Él eligió el lugar, y hasta el doctor que te recibiría al nacer en la sala de parto. Dios ya sabía tu nombre antes de que tus padres lo eligieran. Ya había escogido el color de tu piel y hasta en qué país nacerías.

El plan del enemigo siempre será distorsionar el propósito de Dios mucho antes de tú haber nacido. Siempre tratará de evitar que nazcas, y si esto sucede, intentará desviarte de tu destino para que nunca puedas encontrarte con tu propósito.

> "DIOS PELEÓ TU CAUSA DESDE QUE ESTABAS EN EL VIENTRE DE TU MADRE Y PREPARÓ EL CAMINO PARA QUE NACIERAS."

La Biblia relata la historia de Moisés, uno de los líderes más grandes del Antiguo Testamento. Su misión era liberar al pueblo de Israel de las manos esclavizantes de los egipcios, pero cuando Moisés nació, Faraón ordenó que mataran a todos los niños hebreos varones que nacieran. Sin embargo, en la vida de Moisés había un destino profético mucho antes de nacer (ver Éxodo 1:15-16).

Por esto quiero que tengas presente que sin importar el plan oscuro que se haya organizado contra tu vida. Tu nacimiento tiene propósito, Dios te eligió y separó de entre los millones de espermatozoides que lucharon por llegar antes que tú, y es por esto por lo que puedo decirte con toda certeza que tu llegada al mundo no fue en vano.

TIENES UN PROPÓSITO, NO MORIRÁS

Mientras mi madre me contaba esta historia, me llevaba a reflexionar acerca del momento en que Jesús nació y el rey Herodes mandó a matar a todos los niños menores de dos años, ya que se sentía amenazado porque todos anunciaban que había nacido el rey de los judíos.

Imagina decirle a un rey que ha nacido la persona que lo reemplazaría y gobernaría sobre él. Así actúa el enemigo cuando alguien de propósito va a nacer. Se enfurece y busca la manera de detener el propósito de Dios en esa vida. Envía dardos para que le sucedan cosas y de esa forma el plan de Dios sea abortado. Pero nadie podrá detener los planes que Dios tiene para ti. Sin importar lo que el enemigo intente hacer, como dijo el salmista, diremos también nosotros:

«*No moriré, sino que viviré para contar lo que hizo el Señor*»
SALMO 118:17 NTV

Así fue como un 5 de diciembre de 1989, durante la madrugada, nací con un peso de siete libras y media, en un pueblo llamado Quisqueya, en la provincia de San Pedro de Macorís, República Dominicana.

Luego de todo el proceso que mi madre tuvo que atravesar, quiso ponerme un nombre bíblico, aun sin ser cristiana. Por esa razón decidió llamarme David, que en hebreo significa el elegido de Dios.

Seguramente recordarás la historia de Samuel cuando fue a ungir a David, y su padre Isaí, nunca se lo presentó al sacerdote, ya que, ante sus ojos, era el menos calificado para ser rey. Pero para los ojos de Dios, David estaba capacitado para ser ungido como el próximo que gobernaría Israel, aun muchos años antes de que asumiera el trono (ver 1 Samuel 16:6-13).

Si al momento de leer este libro te encuentras lidiando con luchas internas porque te sientes rechazado, quizás por tus padres, tus hermanos e incluso la sociedad, quiero recordarte que fuiste calificado y aprobado por Dios, y que el rechazo de otros no debe detenerte, sino más bien convertirse en una motivación para quererte y superarte a ti mismo.

Me llama mucho la atención que mi madre me llamara David, un nombre de tanto peso y gran significado.

- El número 5 bíblicamente significa Gracia.
- En inglés, la palabra Grace (Gracia) tiene 5 letras.
- David, mi nombre, tiene 5 letras.

- Mis apellidos tienen 5 letras: Lewis / Reyes.
- Nací el 5 de diciembre y soy el menor de 5 hermanos.

Toda esta estructura fue diseñada por Dios solamente pensando en mí. Y agradezco, a pesar de todo, el privilegio de haber nacido en la familia que Él escogió para mí mucho antes de nacer.

Así también cuando Dios pensó en ti, diseñó toda una estructura de vida. Él sabe la altura, la anchura, la longitud y el peso que conlleva esa estructura y hará siempre lo necesario para que puedas percibirla, conocerla, desarrollarte y vivir conforme a ella.

Recuerda que nosotros no tenemos la culpa de dónde nacemos, pero somos responsables de las decisiones que tomamos a lo largo de la vida, porque la vida no se trata de cómo comienzas, sino cómo la finalizas.

PROTEGIDO POR UN PROPÓSITO

A los seis meses de haber nacido, mi padre se vio obligado a emigrar a la isla de Antigua para buscar una mejoría económica. Para mi papá fue un proceso muy difícil dejar a su familia en República Dominicana e irse a otro país en busca de una vida mejor. Pero, es un hecho que haber recibido el apellido Lewis fue parte del propósito de Dios para nuestra familia y fue el método que Él utilizó para sacarnos de la pobreza espiritual.

Hay decisiones que pueden marcar tu vida para bien o para mal. En este caso, mi papá tomó la mejor decisión que pudo, que fue llevarnos con él, no a un cambio económico, sino a un cambio de vida interna. Aunque quizás en el momento no lo entendí.

Esta salida de mi padre significó mucho para mi crecimiento. En ese mismo periodo, a los seis meses de vida, una persecución espiritual se levantó en mi contra con el único propósito de matarme.

Vivíamos en un hogar muy humilde, y todas las madrugadas, mi madre sentía pasos, sonidos y aun gritos. Y sin haber conocido a Dios, ella oraba y clamaba a un Dios que aún no conocía, y de quien solo había escuchado. Una madrugada, mi madre me dejó solo en la cuna, cuando despertó y fue a verme, me encontró lleno de sangre y con heridas de mordeduras por todo el cuerpo. Desde esa noche, mi madre no me dejaba dormir solo en la cuna. Me tomaba en sus brazos y dormía conmigo, pero los brujos entraban por el techo de la casa, forzando a que mi madre me soltara. Ella sabía que era un ataque, lo que no entendía era por qué hacia mí.

Desesperada intentando hallar una respuesta, me llevó a ver a unos brujos para que me santificaran y me echaran agua bendita. Sin embargo, los ataques continuaron atormentándome todas las noches sin importar lo que me habían rociado por todo el cuerpo. Es que un demonio no puede sacar a otro. Solo la sangre de Cristo podía vencerlos. El mismo Jesús lo dijo en el libro de Mateo:

«Si Satanás expulsa a Satanás, está dividido y pelea contra sí mismo; su propio reino no sobrevivirá. Sin embargo, si yo expulso a los demonios por el Espíritu de Dios, entonces el reino de Dios ha llegado y está entre ustedes» (12:26,28 NTV).

No es casualidad que el enemigo se levantara contra mí desde mi niñez y enviara sus emisarios para eliminarme del propósito de Dios. Pero, así como mi madre me abrazaba entre sus brazos, Dios me tenía entre los suyos, peleando por un niño que no podía defenderse por sí mismo.

No sé por qué túnel oscuro estarás atravesando, qué desierto estarás viviendo o bajo qué ataques te encuentres, pero debes saber que Dios está peleando por ti, aunque no lo veas.

"SI SATANÁS EXPULSA A SATANÁS, ESTÁ DIVIDIDO."

Hoy, que el tiempo ha pasado, y conozco a Cristo, puedo entender que todo esto ocurría en mi casa porque Jesús no gobernaba allí. Cuando Cristo es el Dios de tu casa y tu vida, toda maldición debe retroceder. Donde hay espacio para uno, que es Cristo, el número dos no es bienvenido. Porque dos señores no pueden gobernar una misma casa: es Dios o es Satanás.

La Palabra dice: «*No te sobrevendrá mal, ni plaga tocará tu morada. Pues a sus ángeles mandará acerca de ti, que te guarden en todos tus caminos. En las manos te llevarán, para que tu pie no tropiece en piedra*» (Salmo 91:10-12 RVR1960).

Si amas a Cristo, eres una columna de tu casa. Desde que el mundo te vio nacer, traes contigo la palabra profética que cambiará el rumbo de la historia familiar que comenzó antes de que nacieras. Tu historia de maldición familiar llegó hasta el momento en que naciste. Ahora te toca a ti descubrir el camino que llevará a tu familia a la libertad que solo Cristo puede dar.

> *«Así que, si el Hijo los hace libres,*
> *ustedes serán verdaderamente libres»*
> JUAN 8:36 DHH

EL ABANDONO UNIDO AL RECHAZO

Cuando mi papá llegó a la isla de Antigua, todo comenzó a irle bien. Allí fue contratado para hacer el mismo trabajo de soldador que hacía en República Dominicana. Poco a poco su vida comenzó a cambiar.

En 1994, cuando tenía cinco años, como resultado del avance económico que mi papá había tenido en Antigua, le pidió a mi madre y a tres de mis hermanos que viajaran a la isla para continuar trabajando juntos. Por supuesto, yo no fui uno de los tres elegidos que viajaría.

A los seis meses de vida dejé de ver a mi papá cuando se fue a Antigua, por lo tanto, crecí sin conocerlo. Para ese tiempo no existían los teléfonos inteligentes en los que puedes ver a otras personas con solo encender una cámara. Para mí, mi papá no existía. Mi mamá era la única persona a la que reconocía, aun cuando ella se fue de República Dominicana, nunca olvidé su rostro.

Luego de la partida de mi madre y mis hermanos, continué creciendo, solo con el acompañamiento de un hermano y la supervisión de una tía que escasamente se ocupaba de nosotros.

Ya no tenía mamá y tampoco papá. Esto causó en mí un profundo sentimiento de rechazo. Lo único que reconocía acerca de mí era que no valía nada. Cada día, sentado en las escaleras de la casa, esperaba que mi mamá regresara, pero ese momento nunca llegaba.

"DIOS ESTÁ PELEANDO POR TI, AUNQUE NO LO VEAS."

Recuerda que era un pequeño de cinco años que necesitaba sentirse protegido, arropado y amado, pero vivía todo lo contrario. A cada persona que pasaba por la puerta de mi casa le preguntaba si sabía dónde estaba mi mamá, porque ella antes de irse me había prometido que regresaría.

A medida que el tiempo pasaba, intentaba comprender la situación, pero no podía. Por eso no quería saber nada de mi papá, ya que no lo veía como tal, sino como aquel que se había llevado a mi mamá y a mis hermanos lejos de mí. Lo único que lograba entender era que me habían abandonado.

Así fue como cada día surgía un nuevo miedo, una nueva inseguridad que se apoderaba de mí. Es muy difícil crecer sin el afecto y la guía de los padres, y sin saber qué sucedería después. A causa de estos sentimientos mi corazón colapsó. Ya no estaban papá ni mamá. Habíamos quedado solos con mi hermano Miguel. Los demás se habían ido a la isla.

A partir de ese momento comencé a recibir maltratos verbales y físicos de parte de las personas que habían quedado a cargo nuestro, y también de aquellos que eran nuestros «*amigos*». Solían decirnos frases como: «*No eres nadie. Eres una basura. Yo tengo papá y tú no*». Frases que constantemente nos recordaban la ausencia de nuestros padres y nos causaban un dolor más y más fuerte. Cada minuto sin ellos era una eternidad de dolores que arropaban mi corazón, cubriéndome el pecho de lágrimas acumuladas sin tener con quién desahogarme.

A lo largo de mi niñez nunca escuché la frase: «*Te amo*». En mi mente no existía porque nunca la había recibido. Nunca sentí el corazón de un papá o de una mamá que me consintiera y me recordara cuán importante era para ellos y cuánto me amaban. En ese tiempo no conocía al Dios tan maravilloso que hoy tengo y que nos dice: «*Aunque mi padre y mi madre me dejaran, con todo, Jehová me recogerá*» (Salmo 27:10 RVR1960)

Recuerdo que nuestros tutores a cargo, cuando decidían castigarnos, nos encerraban entre rejas y pasábamos allí toda la mañana, la tarde y la noche. Gritábamos de hambre y cuando los vecinos nos escuchaban llorar, venían a darnos comida por entre las rejas. Cuando mis padres llamaban para preguntar cómo estábamos, nos obligaban a decir que estábamos bien, y si decíamos lo contrario, los castigos eran peores.

La tristeza acompañó nuestro crecimiento. Me sentía preso, rechazado y con la esperanza de sentir los brazos de mamá abrazándome. Mientras escribo esto, corren muchas lágrimas en mi rostro a causa del dolor que me produce regresar al pasado para contártelo. Estos recuerdos sensibilizan todo mi cuerpo.

Si había un mes que no quería que llegara, ese era diciembre. Para mí eran días sin sentido. No vería a mis padres y siempre estábamos solos. A tan corta edad, mis pensamientos de rechazo hacia mí mismo eran tan fuertes que solo traían el deseo de no querer vivir más.

No sabía lo que era comer bien, alimentarse como un niño necesita nutrirse o que alguien se preocupara por mí. Cierto día me enfermé de anemia crónica por falta de alimentación y atención médica. Era un niño muy depresivo y escondía mi rostro de los demás para que no vieran el estado en que me encontraba.

Me daba temor estar con otras personas por las cosas que los escuchaba decir: *«Son unos pobres niños, sus padres los abandonaron»*. Todo eso continuaba creando emociones negativas y de rencor en mi corazón.

Desde pequeño pensaba mucho y analizaba muy bien las cosas. Comencé a ir al colegio; sin embargo, era un niño muy callado y me afectaba profundamente cualquier palabra en mi contra. Cuando veía a otras personas discutir, lloraba, porque me recordaba a momentos de tensión que me resultaban difíciles de procesar. De alguna forma, era el resultado de mi sensibilidad y de las experiencias que había tenido hasta ese momento.

En medio de todo eso, siempre que finalizaba el día escolar, iba a un monte donde había caballos, y como no quería regresar a casa, los tomaba para montarlos por un momento y luego los soltaba lejos de donde los había tomado.

Finalmente, al pensar en regresar a casa, me llenaba de terror, miedo y, por cierto, rechazo. Quería que pronto amaneciera para regresar al colegio y volver al monte donde estaban los caballos. Cuando lograba montarlos, me reía como no podía hacerlo en la casa. La risa era tan fuerte que el caballo salía corriendo y yo quedaba debajo, agarrado de las sogas, tomado fuerte de las riendas sin caerme hasta regresar a montarme. Esa era mi única válvula de escape.

Una vez más quiero recordar a José y ese momento en el que, después de todo lo vivido, pudo decir: «*Ustedes planearon hacerme daño, pero Dios lo hizo para bien. Lo hizo para obtener los resultados que vemos ahora (…)*» (Génesis 50:20 PDT)

EL PROPÓSITO SE CUMPLIRÁ

«Mis planes para ustedes solamente yo los sé, y no son para su mal, sino para su bien. Voy a darles un futuro lleno de bienestar»

JEREMÍAS 29:11 TLA

Mientras más alto sea el edificio, más tiempo tomará construirlo. Debido a la altura de las edificaciones, las mismas demandarán un material sólido y capaz de soportar los vientos más fuertes, y una profundidad que resista el peso y la gravedad de tal estructura, y lo más importante es entender que la perdurabilidad de esa edificación dependerá del material con el cual se construyó.

La vida es como un edificio cuya estructura, firmeza y sostenibilidad dependerán del material que utilice el constructor. Es por esto que hay vidas que han sido edificadas en circunstancias que al escuchar nos solemos asombrar, pero acorde a como ellos han respondido, puede que sean las personas más firmes, esforzadas, valientes y capaces, porque decidieron que el camino duro no los derribaría, sino que los edificaría.

Las aflicciones, el proceso o el desierto que hayamos atravesado tendrán legalidad sobre nosotros dependiendo del material con el cual fuimos formados. Todos los golpes de la vida son el escalón de empuje que nos llevó a construir nuestra estructura, y de acuerdo sea nuestro material, así serán nuestras victorias, nuestra perdurabilidad y nuestra resistencia.

> *"LA VIDA ES COMO UN EDIFICIO CUYA ESTRUCTURA, FIRMEZA Y SOSTENIBILIDAD DEPENDERÁN DEL MATERIAL QUE UTILICE EL CONSTRUCTOR."*

Por lo tanto, quisiera que mires atrás y pienses si has decidido bien respecto a todo lo que has atravesado. Si has considerado que todo ha sido parte de tu construcción, y aunque pudiste morir frente a los ataques, o quebrarte en medio de las aflicciones, la palabra que Dios habló sobre ti te preservó para que puedas ver ese futuro de propósito y bienestar que preparó para ti.

No juzgues tu presente ni cuestiones las cosas que aún no has visto completas o terminadas.

Recuerda:

- Nunca cuestiones algo que no estás construyendo.
- Eres lo que decides.
- Nadie tomará una mejor decisión que tú mismo.
- Fuiste llamado a cumplir un propósito, ¿llegarás a tu destino o te detendrás en el camino?

CAPÍTULO 3

El proceso hacia tu destino

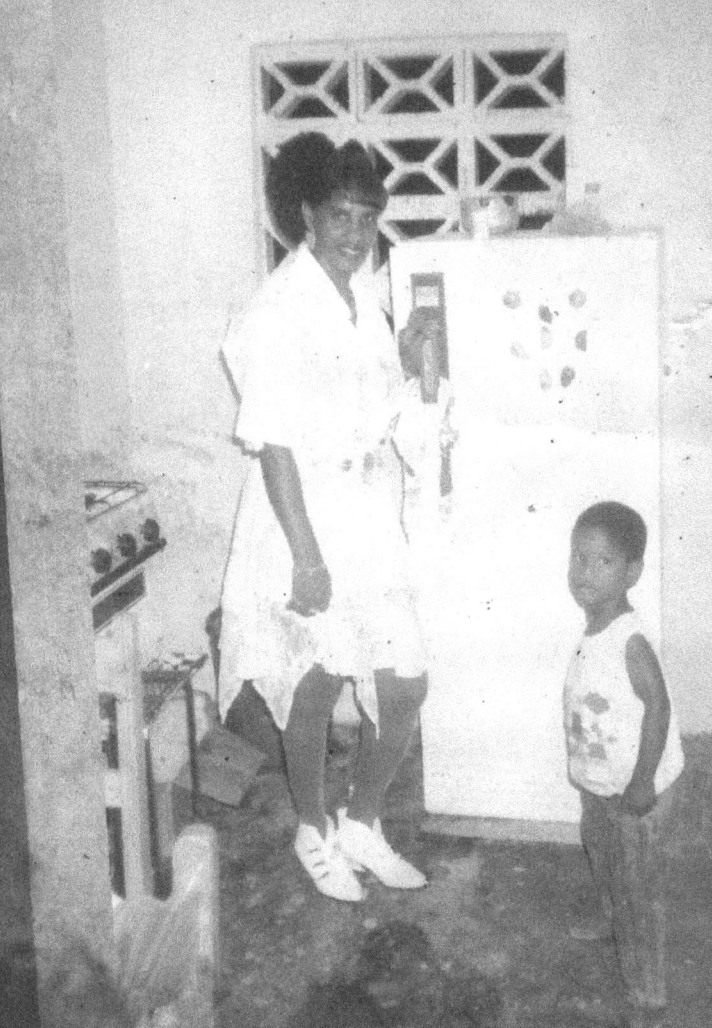

"No morirás en el proceso. Al contrario, estás progresando en tu desierto para que Dios saque lo mejor de ti"

Una noche, mientras estábamos en la cocina de la casa con la lámpara encendida, debido a que no había luz, alguien llamó a la puerta cuatro veces seguidas: «*TUM, TUM, TUM, TUM*». Eso llamó mi atención porque mi madre siempre solía hacerlo de esa manera. Pero había pasado tanto tiempo desde que ella se había ido, que casi ya no la recordaba.

Entonces oí la voz de mi madre que dijo: «*¡Mis hijos!*». Rápidamente en mi mente reconocí esa voz: era ella, mi madre. Al abrir la puerta de la cocina, mi corazón no pudo resistir y grité: «*¡MAMÁ! ¡MAMÁ!*». Lleno de lágrimas que corrían por mi rostro, me lancé a sus brazos mientras ella me sostenía y lloraba también. Era tanta la felicidad de volver a verla que las lágrimas saltaban de mis ojos sin control.

Habían pasado tres años desde la última vez que la había visto irse con mis hermanos. El día de su retorno, sentí que la vida había regresado a mi cuerpo. Me faltaban tan solo tres días para cumplir nueve años y podía entender muchas más cosas. Aunque la felicidad era mucha, el daño de su ausencia había dejado marcas profundas en mi corazón.

Para ese tiempo, mi cuerpo estaba tan débil a causa de la anemia por falta de alimentación, que prácticamente estaba muriendo. Días después, mientras estaba tomado de la mano de mi madre, caí desmayado al piso en plena calle. Ella me alzó y me llevó de emergencia al hospital. Luego de revisarme y realizar los estudios básicos, el doctor le dijo: «*Un día más sin atención médica y este niño no hubiera sobrevivido».* Hoy, a la distancia, puedo comprender lo que Jesús le dijo a Marta acerca de Lázaro: *«Esta enfermedad no es para muerte, sino para la gloria de Dios, para que el Hijo de Dios sea glorificado por ella»* (Juan 11:4).

Tu presente quizás diga: *«Enfermedad, depresión, tristeza, ansiedad o rechazo»*. Pero hay un futuro que está marcado por Dios y dice: *«No morirás en el proceso. Al contrario, estás progresando en tu desierto para que Dios saque lo mejor de ti»*.

Si bien tu rostro expresa tristeza, no significa que no estés avanzando, sino que estás en el lugar correcto. *«Y aunque tu principio haya sido pequeño, tu postrer estado será muy grande»* (Job 8:7).

CAMBIO DE UBICACIÓN, PERO NO DE CONDICIÓN

El regreso de mi mamá a República Dominicana significaba que nos llevaría a mi hermano Miguel y a mí con ella a Antigua y que no regresaríamos por mucho tiempo.

Así que dejamos República Dominicana y recuerdo exactamente nuestra llegada a la isla, un 2 de diciembre de 1999. Tomamos un vuelo de American Airlines, el cual disfruté mucho, en especial porque estaba junto a mi mamá, aunque por momentos tenía sentimientos encontrados, ya que realmente no sentía deseos de ver a mi papá, porque no lo conocía.

Creía que una nueva etapa de mi vida comenzaba, y que nunca más sería el mismo niño, sin embargo no sabía verdaderamente qué me traería el futuro. La única certeza que tenía era que extrañaría mucho a mis amigos: los caballos del monte.

Dentro de mí no tenía sentimientos de alegría por pensar que conocería a mi papá, prácticamente por primera vez. Recuerda que lo vi por última vez a mis seis meses de vida. Tal era la distancia que sentía con él, que creía que no merecía llamarlo «*papá*».

Desde nuestro reencuentro, siempre puse mucha distancia entre nosotros. Tenía miedo de estar cerca de él. Aunque pensé que nuestra llegada a Antigua nos daría la oportunidad de un nuevo y mejor comienzo, estaba equivocado. Comencé a presenciar discusiones constantes y malos tratos de mi papá hacia mi mamá. Frecuentemente podía observar la ira que se desataba en mi papá y la contenida intención de golpear a mi mamá, a quien siempre la veía llorando. Creía que todo mejoraría, pero mis emociones estaban devastadas. Una vez más se repetía la historia de mis abuelos, y mi casa no era el mejor lugar donde habitar.

Mi primera escuela en la isla se llama Mary E. Pigott School, y yo no sabía hablar inglés, que es el idioma nativo del lugar. Allí comencé a experimentar lo que nadie quisiera vivir: bullying. Los niños mayores, de grados superiores, me golpeaban y me rompían el uniforme. Como no sabía defenderme, yo solamente lloraba. En ese tiempo, cuando un niño se portaba mal en la escuela, lo castigaban con seis golpes de una correa ancha y gruesa, que era el terror de todos los estudiantes, además de una suspensión, si el caso lo ameritaba.

Recuerdo que los alumnos más grandes tomaban sus libros y los rompían para luego decir que había sido yo quien los había destrozado. Por supuesto, todo recaía siempre sobre mí. La escuela se estaba convirtiendo en un lugar al que temía. Ya no quería regresar. El bullying no se detenía; empeoraba cada día. Recibí maltratos de los estudiantes, hasta me amenazaron si llegaba a decir algo, y terminaban gritándome: «*¡Regresa a tu país! ¡Regresa a tu país!*».

El temor, el miedo y el rechazo continuaban apoderándose de mí y acompañándome donde quiera que estuviera. Sentía mi corazón agonizar. Quería gritar a los cuatro vientos lo que me estaba ocurriendo para ver si alguien me escuchaba y me rescataba, pero la acumulación de dolor hizo que mi corazón se cerrara al exterior y sangrara en mi interior. No tenía un padre que fuera mi amigo, y a quien pudiera contarle el dolor que estaba padeciendo.

En casa, mis padres continuaban peleando y en la escuela era maltratado. A veces los directivos citaban a mis papás para comentarles acerca de mi mal comportamiento. Quienes me conocían sabían que siempre había sido un niño tranquilo y muy tímido, pero mamá y papá en realidad no sabían que todo era provocado por otros estudiantes.

Los pleitos familiares no cesaban. Cuando veía a mis padres pelearse, estas discusiones marcaban mi vida hasta entrar en pánico. Buscaba ser amado, ser un hijo mimado, pero los años de ausencia de papá y mamá en República Dominicana no fueron diferentes en Antigua. Continuaba sintiendo el mismo vacío interior, aun estando con ellos.

Hoy, miles de niños y adolescentes alrededor del mundo están atravesando situaciones como las que viví. Al llegar a sus casas no hablan, tienen mucho temor, se sienten inferiores, manifiestan ciertos tipos de conductas tales como la pasividad, el miedo y hasta sentirse incapaces frente a diversas situaciones. Se culpan a ellos mismos y se sienten rechazados al pensar que nadie los quiere. Poco a poco, esa depresión interna se va acumulando hasta provocar pensamientos suicidas por el profundo deseo de no continuar viviendo en medio de esa pesadilla.

Eso era exactamente lo que estaba viviendo. Yo era ese niño que lloraba y no le contaba a nadie lo que me pasaba. Me sentía derrotado interiormente. No me sentía amado por los que estaban afuera ni por los que estaban adentro de mi familia.

En un grito de silencio, mis ojos mostraban la tristeza del alma quebrantada, pidiendo auxilio. No encontraba el lugar donde poder descansar de mi dolor. Nadie percibía el grito de mi corazón que clamaba por ayuda.

El salmista David dijo: «*Saca mi alma de la cárcel para que pueda alabarte*» (Salmo 142:7). Mi alma deseaba ser libre. Pero sabemos que el diablo vino para hurtar, matar y destruir, y no descansará hasta ver un corazón completamente destruido.

Tiempo después tuve un cambio de escuela y, desde mi timidez, a causa de mi poca fluidez en el idioma, me acercaba solamente a algunos niños, aquellos que sabía que no me lastimarían ni se burlarían de mí. El bullying había dejado de ser un arma que el enemigo usaría contra mi estima y mi vida.

EL PROCESO DE CAMBIO, INICIÓ

Una noche, mi madre y Oscar, mi hermano mayor, asistieron a una campaña evangélica que se realizaba en la Iglesia Pentecostal M.I., donde el predicador invitado era el evangelista Carlos Barranco. Ese día, mi madre y mi hermano entregaron sus vidas a Jesús.

Cuando regresaron a casa y nos contaron la experiencia que habían vivido, sentí la gran necesidad de vivir algo nuevo. La noche siguiente me llevaron a la cruzada y me senté con mucha expectativa en la tercera fila. Cuando el predicador hizo el llamado de pasar al altar, no lo hice. Desde donde estaba sentado, repetí la oración que dijo el predicador, y luego fui corriendo a ver a la persona que estaba anotando los nombres de los recién convertidos.

En ese momento no entendí lo que había hecho, pero algo inusual sucedió en mí: el altar me llamó mucho la atención. Veía a la gente orando, llorando y muchos de ellos gritando: «¡*Aleluya! Santo es el que vive*». Para ese momento tenía tan solo 10 años, y me quedaba embelesado mirando todo lo que sucedía allí. Esa noche, mientras estaba sentado, observaba al pastor vestido con traje y corbata, predicando con su Biblia en la mano. Eso también despertó en mí un nuevo anhelo. Todo ese ambiente y lo que allí ocurría me deslumbró. Imagino que ese mismo día nació también un llamado de parte de Dios para mí. Yo quería ser como ese pastor. Pero al mismo tiempo veía al grupo de adoración cantar canciones de un libro del que luego supe que se llamaba *«Himnario de gloria»*. Para ese tiempo, el año 2000, aún no sabía leer en español.

"EL DIABLO VINO PARA HURTAR, MATAR Y DESTRUIR, Y NO DESCANSARÁ HASTA VER UN CORAZÓN COMPLETAMENTE DESTRUIDO."

El pastor predicó y lo escuché atentamente durante toda la reunión. Nunca había oído algo parecido. Al finalizar el servicio, cuando llegó la hora de regresar a casa, en mi corazón había quedado grabada esa sensación de que todo eso que estaba sintiendo no terminaría nunca.

Durante una de las reuniones, mi madre fue libre de los espíritus demoníacos que la habían mantenido atada durante muchos años. Recuerdo verla vomitar y gritar desesperadamente en medio de esa manifestación. En ese momento, no sabía lo que estaba sucediendo, porque aún desconocía el mundo espiritual.

Desde esos días, mi madre comenzó a escuchar una música diferente en casa. Ya no eran canciones que traían depresión, sino adoraciones que elevaban nuestro espíritu al espíritu de Dios. Y aunque las cosas en casa poco a poco fueron cambiando, aun así, mi vida continuaba herida por todo lo que había vivido.

Mi madre comenzó a asistir a la *Iglesia Misionera de la Fe Apostólica,* y siempre me llevaba. Veía a todos los miembros de la iglesia llevar sus biblias e himnarios de gloria y triunfo, y yo también quería tener los míos. Le pedí a mi mamá que me los comprara, porque quería aprender a leer en español. Pero en Antigua no vendían biblias en español, y mi madre mandó a buscar una Biblia y el Himnario de Gloria a República Dominicana. Al enterarme, estaba desesperado porque llegaran mis libros. Quería aprender a leer. ¡Finalmente llegaron! Estaba tan emocionado que brincaba de alegría.

Era una Biblia para niños grande e ilustrada. El himnario tenía una tapa color rojo oscuro y, con solo sostenerla entre mis manos, sentía algo sobrenatural. Necesitaba conocer lo que decían esas palabras y cantar como los demás, pero debía aprender a leer en español. Entonces mi mamá habló con el señor Olivo, un músico guitarrista de la iglesia y también maestro de español, para que me enseñara. Así que todas las tardes nos reuníamos en la iglesia para que aprendiera a leer con mi propio himnario, letras y notas. Sentía que la iglesia era como mi casa, y entusiasmado esperaba que llegara la hora de la tarde para continuar aprendiendo. En esos libros encontraba lo que no hallaba en mi casa ni en la escuela.

De tanto verme con mi Biblia y mi himnario entre mis brazos, me llamaban «*el pastorcito*», porque además entraba a la iglesia vestido de traje. Tal era mi ansiedad y deseo por aprender que rápidamente memoricé todos los himnos. Algunos de los cuales seguramente recordarás, como: *"Hay poder, poder, sin igual poder"*; *"Cuando allá, se pase lista"*». En esos momentos, mi corazón sentía la paz y la alegría que nadie más podía darme, pero en mi interior aún convivía con la ausencia de amor y el sentimiento de rechazo.

Quizás, en algún momento te hayas sentido depreciado, angustiado, triste, por todo lo que has vivido en tu pasado, y aún no lo has superado, pero permíteme ahora dirigirme a ti, desde la persona que soy hoy, y no de la que fui.

El texto de Efesios 1:5-6 dice que en amor Dios nos predestinó para ser adoptados hijos suyos por medio de Jesús. Él te escogió como Su hijo sin que tú se lo pidieras. En amor te eligió y te puso nombre nuevo. La función del enemigo es hacerte creer que no vales nada. Que cada día vuelvas a sentir la pena y el dolor de lo que fuiste o viviste en el pasado. Pero debes saber que lo importante es que fuiste adoptado y libre de la esclavitud, de tu rencor, de tu ansiedad, de tu abandono y falta de amor. Dios te levantó y te hizo sentar en mesas de reyes. No te culpes por algo que Dios ya limpió. No te condenes por algo de lo que Dios ya te liberó. No cargues más con algo que no te pertenece.

> *«Así que, si el Hijo los hace libres,*
> *ustedes son verdaderamente libres»*
>
> JUAN 8:36 NTV

NUESTRO ADVERSARIO NO DESCANSA

Tiempo después, todos mis hermanos también aceptaron a Jesús en sus vidas, incluso mi papá. Esa fue una gran victoria para nuestra familia. Dios tenía planes con nosotros, aun cuando estábamos en República Dominicana. Desde el momento en que nuestro apellido cambió, Dios creó un puente hacia nuestra libertad.

Luego de haber tomado la maravillosa y firme decisión de aceptar a Cristo, comencé a enfermarme de los huesos. Así, de repente, comencé a sentir muchos padecimientos en mi cuerpo y hasta mis ojos se hinchaban como consecuencia de las alergias. Todo esto me provocaba mucho dolor de cabeza. Eran días largos de fuertes dolores.

No quería que llegara la noche porque, aunque parecían tranquilas, mi mente se desesperaba. Cada anochecer venía un espíritu de muerte a atormentarme. Claramente podía escuchar una voz que me decía: «*Vengo por ti. Vengo por ti*». De pronto, al cerrar mis ojos, veía una sombra que lucía como un esqueleto cubierto con una manta negra y un hacha en sus manos.

> "ÉL TE ESCOGIÓ COMO SU HIJO SIN QUE TÚ SE LO PIDIERAS. EN AMOR TE ELIGIÓ Y TE PUSO UN NOMBRE NUEVO."

Desesperado, llamaba a mi mamá llorando de dolor. Ella tomaba aceite y me ungía poniendo sus manos sobre mi frente y orando por mí. Aún recuerdo el llanto de mi madre y sus palabras: «*Dios, he aquí tu profeta, he aquí tu hijo. Tú me lo diste. Si te lo quieres llevar, eres su dueño*». Mamá estaba profetizando sobre mi vida, sin saber que años después sería un adorador que recorrería el mundo entero profetizando por medio de la adoración.

El enemigo trató de matarme, pero mi vida tenía un propósito, y no pudo hacerlo. Al igual que Faraón en el Antiguo Testamento, que intentó de detener el nacimiento de Moisés ordenando matar a los niños por miedo a que el pueblo creciera. Si bien lo intentó de muchas maneras, no lo logró. A pesar de las circunstancias, Moisés sobrevivió, y lo que parecía un obstáculo terminó siendo parte del plan de Dios. Creció en un lugar inesperado, y lo que el enemigo quiso usar para destruirlo, el Señor lo usó para prepararlo.

El enemigo buscará por todos los medios que el propósito de Dios no se cumpla en tu vida, por eso intentará interrumpir tu camino de muchas formas, sea con dolores, enfermedades, tentaciones y hasta el rechazo de los que te rodean.

QUE EL PROCESO NO DETENGA TU TRAYECTO

Como hijos de Dios, es necesario aprender a discernir qué desiertos forman parte de los procesos que Él dispone para lograr algún propósito específico en nosotros, y cuáles pretenden paralizarnos o estancarnos en algún área de nuestra vida.

En oportunidades te sientes detenido en un proceso y piensas que todo terminó. Es ahí que ingresamos a un desierto lleno de heridas. Ahora, una vez en ese espacio emocional donde nos encontramos, está en nosotros la oportunidad de salir sanos o detenernos a ver cómo sangran las heridas y nunca poder salir del desierto de dolor.

Hay dos tipos de personas que ingresan a un desierto:

1. El que ingresa y se detiene allí, ubicándose en una zona de confort emocional, donde se encuentran los

paralíticos del alma, aquellos que nunca han querido soltar esos vínculos que enferman. Son aquellas personas que se mantienen presas de las emociones.

2. El que entra y avanza en el proceso para sanar las heridas hasta llegar a la meta, sin haberse estancado. Ingresa a un tiempo de desierto, pero decide buscar la libertad que solo Jesús puede dar. Porque ningún proceso dura para siempre. Todos, como hijos de Dios, somos probados, examinados y, por último, nos encontramos aprobados por Dios (Romanos 5:1).

Detrás de cada éxito hay un extenso desierto de muchas lágrimas y desánimo. Algunas personas te empujaron y te obligaron a tomar decisiones, aunque quizás nunca creyeron en ti. Pero todo fue parte de una historia que Dios estaba creando para que hoy recuerdes de dónde te sacó. Él te dio la aprobación para hablarle a una generación que está viviendo lo mismo que tú atravesaste.

INTÉNTALO, AUNQUE MUERAS EN EL PROCESO

Muchas veces queremos una gran casa, pero no hacemos nada para conseguirla. Deseamos tener una gran empresa o ministerio, pero si un pensamiento no se ejecuta, nunca se materializa. No llegaste a este mundo por un invento humano, sino porque Dios pensó en ti antes de que nacieras y de que hayas sido formado en el vientre de tu madre. Es por eso que toda zona de confort en la que nos ubicamos nos paraliza y nos lleva a un nivel de frustración que trae aparejada consigo una enfermedad llamada depresión, que te mata por dentro, te desvía de tu destino profético y te aleja de todos.

Una mañana pasé manejando por un cementerio que estaba a unos veinticinco minutos de mi casa. Mientras observaba de lejos esos nichos relucientes, comencé a pensar en cuántas personas han muerto sin conocer su propósito. Durante una de sus prédicas, escuché a mi pastor decir que *«en el cementerio hay una historia que nunca se contó, un arquitecto que nunca diseñó y un cirujano que nunca operó»*. Procura que el día que mueras, no mueras dos veces, porque eso es lo que le sucede al que nunca logra su propósito. Muere físicamente y también se desvanece el plan que se había creado para su vida. Recuerda que: *«Nunca se hablará de aquel que nada construyó»*.

> "TODA ZONA DE CONFORT
>
> EN LA QUE NOS UBICAMOS
>
> NOS PARALIZA."

Si estás atravesando un tiempo de proceso, de desierto, y te sientes paralizado, debes saber que es necesario accionar para alcanzar el propósito que Dios ha puesto sobre ti. No te escondas en una zona de confort que intenta evitar que alcances los sueños que el Señor planeó para tu vida. Proponte alcanzarlos, persigue ese diseño que está definido desde la eternidad, intenta ser lo que Él dijo que serías, aunque parezca que morirás en el proceso de lograrlo, porque, créeme, lo alcanzarás.

CAPÍTULO 4

La sanidad será clave para tu próximo nivel

Desde que comenzamos a asistir a la iglesia, muchas cosas cambiaron en mi familia. Dios estaba trabajando poco a poco en nuestros corazones, pero aún tenía muchas cosas que transformar.

Recuerdo que cuando mamá nos corregía, tanto a mis hermanos como a mí, lo hacía con tanta ira que utilizaba lo que tuviera a mano para castigarnos. En una ocasión, discutió conmigo y comenzó a pegarme. En ese momento, no sabía qué me dolía más: si los golpes o las heridas que arropaban mi corazón por todo el rechazo, el bullying y la falta de atención que padecía. Mientras me golpeaba con todas sus fuerzas, la miré a los ojos llorando y le dije: «*Mami, te amo*». Lo grité tan fuerte que me soltó y comenzó a llorar. Entonces respondió: «*Hijo, yo también te amo*». Nunca la había escuchado decir esas palabras con tanta ternura. Sentí que mi corazón se derretía. Durante casi cinco minutos permanecimos abrazados muy fuertemente. Probablemente, la última vez que ella me había abrazado así fue cuando tenía seis meses, aquella vez que los brujos entraron a mi casa y fueron a mi cuna para hacerme daño. Por cinco minutos, la vida volvió a mí. Miraba su rostro y veía sus lágrimas brotar. No quería despegarme de sus brazos.

Desde ese día, nunca más me golpeó. Al contrario, comenzó a tratarme diferente al resto de mis hermanos. Me había transformado en el niño mimado de mamá. Todo se veía muy lindo y claro. Generalmente, los hijos menores, los más pequeños, somos los más consentidos por los padres. Sin embargo, con papá no tenía esa cercanía como con mi mamá, y es que no lo reconocía como tal, incluso él me obligaba a decirle *«papá»*.

Siempre escuchaba a mis hermanos decirle a mamá que me consentía mucho, y me celaban por ello. Ellos me golpeaban y me decían: *«Ahora te haces el más cristiano»*. Vivían observando todo lo que hacía y cuando cometía un error, me gritaban diciendo: *«No eres cristiano. Crees que eres el más santo, pero tu comportamiento no refleja a Jesús»*. Tenía tan solo 13 años, y a esa edad, todo lo que necesitaba era un tutor que me forme y me guíe, pero mis hermanos no lo entendían. Esto provocó que poco a poco me fuera alejando, ya que al ser el más pequeño, era difícil sentarme a conversar con ellos.

Mientras todo esto pasaba, más hacía de la iglesia mi refugio y el lugar donde mi corazón se llenaba. Para ese tiempo, los líderes de alabanza y las enseñanzas del pastor captaban toda mi atención. Quería ser como ellos, parecerme a ellos. Siempre le pedía a mi mamá que me comprara un traje de vestir para verme elegante como el pastor. ¡Cuánto me deleitaba estar en la casa del Señor! Era mi más grande respiro. Amaba a Dios con todas mis fuerzas, y escuchar a mis hermanos decir que *«yo no era lo que decía ser»* me dolía mucho. Aunque no tenía suficiente experiencia en las cosas del Señor, cada vez que iba a la iglesia, lo veía en los hermanos a través del gozo que manifestaban. Sin embargo, no veía lo mismo en mi casa. Por esa razón pensaba: *«Ese es el gozo que deseo tener»*.

Aunque en ese momento no se los decía, siempre amé a mis hermanos, a pesar de todo lo que había vivido. Entendí que en cada proceso Dios estaba agregando a la construcción de mi vida, un material resistente a cualquier ataque. Y si bien mis hermanos no lo sabían, me estaban acercando hacia lo que el Señor había dicho de mí desde antes de mi nacimiento.

Como lo decía en capítulos anteriores, José era *«el hijo consentido»* del patriarca Jacob, y el amor que sentía por él era muy grande, pero esa exclusividad que tenía por José desató los celos de sus hermanos. Sin embargo, debemos reconocer que el problema que tenía José era compartir sus sueños con las personas equivocadas, aquellos que se alimentaban de la envidia para hacerle daño. José no entendía que solo puedes contarles tus sueños a aquellos que también son soñadores. El apóstol Pablo dijo: *«Hablamos sabiduría entre los que han alcanzado madurez»* (1 Corintios 2:6). Solamente ellos comprenden lo que Dios nos ha revelado.

Muchas veces Dios preparará situaciones en tu vida que crearán en ti una independencia total del contacto humano, para que puedas conectarte únicamente con el Dios de tu propósito.

Los hermanos de José lo vendieron por envidia, pero al mismo tiempo, Dios estaba limpiándole el camino para conectarlo con Su propósito. Hay amistades y familiares que Dios quitará de tu lado para crearte un nuevo perfil y darte tus propias armas para crecer en el camino.

Dios es el dueño de tu pasado, tu presente y tu futuro. Él sabe todo lo que va a suceder desde el momento en que naciste. Él mismo crea situaciones que te llevarán al lugar de tu propósito. En tus peores momentos, quizás sin papá ni mamá, habrá una cisterna que te hará fuerte. Quizás tus hermanos tampoco estarán en el tiempo que te encuentres en la cárcel, probablemente tampoco tus amigos, pero dentro de ti se formará la estructura que te llevará al palacio.

Por lo tanto, no importa la edad que tengas, cuando tus sueños son claros y firmes en Dios, recuerda que solamente te comprenderán aquellos soñadores como tú, aquellos que también se han construido con materiales persistentes, y que tienen una estructura fuerte y correcta para no solo escucharte, sino impulsar aquello que está dentro de ti de parte de Dios.

LA MÚSICA, MI PASIÓN

«Puso luego en mi boca canción nueva, alabanza a nuestro Dios. Verán esto muchos, y temerán, Y esperarán en Jehová»
SALMO 40:3 RVA

Poco a poco aprendí a leer en español el libro que hasta hoy es mi preferido, la Santa Biblia, y además a entonar los cánticos del Himnario de gloria. Cada vez que asistía a las reuniones, me gustaba sentarme en las primeras bancas del templo y, junto con los hermanos, cantar esos maravillosos himnos como: *"Cuando allá se pase lista"*, *"Oh, yo quiero andar con Cristo"*. Pero también aquellos coritos como: «*"Yo siento gozo en mi alma", "Alabaré, alabaré a mi Señor"*». Ya no observaba a los que cantaban, sino que ahora cantaba a la par con ellos.

"DIOS ES EL DUEÑO DE TU PASADO, TU PRESENTE Y TU FUTURO."

La música se transformó en mi pasión. Todos los días iba a los ensayos solo para ver a los músicos practicar. Quería aprender a tocar un instrumento. No quería estar en mi casa y tampoco en la escuela, aunque no tenía opción. Amaba estar en la iglesia.

En ese tiempo, Ismael, el hijo del pastor Franklin Rodríguez, quien tocaba la batería con gran entusiasmo, me inspiró. Anhelaba aprender a ser un músico como él.

Luego de un tiempo, la familia pastoral decidió ir a vivir a los Estados Unidos. Su ausencia dejó un gran vacío en la congregación. El pastor Franklin era un hombre admirado y respetado. Al irse, su hijo ya no tocaba más la batería, por lo tanto, me delegaron la responsabilidad de reemplazarlo. Ya no solo cantaba, sino que también era parte de los músicos de la iglesia. Puedo asegurarte que todo lo que hacía para el Señor me cautivaba. Quería partirme en muchos pedazos y hacer todo al mismo tiempo. Al tener tantas responsabilidades, siempre llegaba temprano porque tenía la certeza de que todo lo que hacía era para servir al Señor.

PROCESOS QUE SON PARTE DEL TRAYECTO

La iglesia donde me congregaba comenzó a experimentar situaciones difíciles. El nuevo pastor asignado tomó la decisión de bajar del altar a gran parte de los músicos, y dentro del grupo estaba yo. Golpeaba a la congregación con palabras y acciones, al punto tal que, de haber sido una de las iglesias con mayor cantidad de miembros en la isla, terminó cerrándose, y así permanece hasta hoy.

Durante ese difícil proceso, mis padres decidieron visitar otra congregación llamada Iglesia de Dios de la Profecía. Nunca olvides que hay transiciones que Dios permite para llevarte a un lugar que te acercará al destino que tiene marcado para ti.

En ese momento mi alma estaba triste. Ya no tocaba la batería ni tampoco estaban aquellos amigos de la iglesia que acostumbraba a ver. Estar en el mismo sitio por muchos años hace que nos acostumbremos a él, pero no te cierres a los cambios, porque estos permiten que cosas nuevas y diferentes lleguen a ti.

Recuerda que hay lugares que solo deben ser de tránsito y no de permanencia. Son estaciones pasajeras donde experimentamos turbulencias, traiciones y lágrimas, pero son zonas donde se moldea nuestro carácter y se nos prepara para niveles siguientes en nuestro avanzar. Esto me hace pensar en cómo el desierto, el lugar pasajero del pueblo de Israel, tenía el objetivo de hacerles conocer a Dios mientras avanzaban a la tierra que Él les prometió. Conocemos el final de la historia, pero con esto te aconsejo que no prolongues una temporada que fue destinada a ser temporal. Deja que Dios trabaje en ti donde estás ahora, permitiendo que te forme según Su plan. Solo así estarás listo para avanzar hacia la próxima etapa que Él ha preparado para ti.

Durante este mismo tiempo, tuve mi bautismo en aguas en la Iglesia de Dios de la Profecía, en la isla de Antigua. Y aunque la nueva iglesia era un poco diferente a la que estaba acostumbrado, me dio mucha alegría ver que ellos también entonaban los cánticos del Himnario de gloria, el libro del cual había aprendido a leer.

Siempre me acercaba a los líderes pastorales y buscaba la manera de hablar con ellos. En ese tiempo, Amador Shephard y Casimiro Morales eran los pastores a cargo. Realmente quería aprender de ellos y desarrollarme en el conocimiento de la Palabra. Como solía hacer en la otra iglesia, me uní a las vigilias juveniles y a toda actividad que esté relacionada con el servicio a Dios. Vivíamos tiempos poderosos. Los jóvenes eran llenos del Espíritu Santo, y danzaban mientras hablaban nuevas lenguas.

Mientras crecía en estatura, también se incrementaban mis miedos, mis inseguridades y mis dudas. Dentro de mí se desarrollaba un mundo de pensamientos que controlaban todo mi cuerpo. Lloraba por todo lo que sentía dentro de mí. Mi única esperanza era estar en los atrios de Dios.

El miedo es un arma letal que puede destruir tu destino y distorsionar tu propósito. Este veneno es como un cáncer que se riega por todo tu cuerpo hasta controlarlo por completo. Si no llegas a identificarlo y a destruirlo a tiempo, puede matarte y convertirte en un cuerpo con un plan de parte de Dios que nunca descubrió. NO PERMITAS QUE TUS MIEDOS TE DESVÍEN DE TU PROPÓSITO.

Muchas veces ignoramos que los temores provienen de heridas que aún permanecen en nuestro corazón. Como nos involucramos en distintas actividades, preferimos ocultarlas bajo la alfombra para no verlas, pero siguen ahí hasta que comienzan a dar mal olor.

UN CORAZÓN HERIDO PERO SEDIENTO DE SU PRESENCIA

Una tarde llegué a mi casa hambriento. Hacía aproximadamente diez horas que no comía. Al entrar fui directo al lugar donde estaba la comida. No pregunté de quién era lo que había en el refrigerador ni pedí permiso. Solo saludé, tomé mi plato, me senté y no levanté más la mirada. Comí hasta saciar mi necesidad. Creo que es lo mismo que sucede cuando tienes hambre por Dios, nadie puede detenerte. No pides permiso, sino que buscas saciar tu necesidad desesperadamente.

El salmista decía: «*Como el ciervo brama por las corrientes de las aguas, así clama por ti, oh Dios, el alma mía. Mi alma tiene sed de Dios, del Dios vivo; ¿Cuándo vendré, y me presentaré delante de Dios?*» (Salmo 42:1-2 RVR1960).

Estaba hambriento por buscar a Dios, por llamar Su atención. En mis tiempos de oración ponía una silla arriba de la cama y la cubría con una tela blanca. Entonces, en oración, invitaba al Espíritu Santo, mi amigo, que me visitara y se sentara en esa silla a conversar conmigo. Hice esto durante varias noches. Quería que me dijera qué había detrás de todas las visiones que recibía, y no entendía.

Así inicié una relación especial con el Espíritu Santo. Sin embargo, dentro de mí, había una situación emocional que debía ser atendida y decidí postergarla a causa del dolor y el miedo que me producía. Pero lo que hoy no atendemos, mañana tendremos que enfrentarlo y confrontarlo.

Si ignoras las heridas de tu corazón, mañana afectarán a otros: tus hijos, tu cónyuge o tus amigos. Ellos no tienen por qué sufrir lo que tú has sufrido. Sé sano hoy para que mañana puedas ayudar a restaurar el corazón de alguien que está atravesando lo mismo que tú has vivido.

Una de las formas de ser libres de nuestras heridas es conocer su origen, saber de dónde provienen. Si logras reconocer la raíz del problema, tienes el 50 % del tema resuelto. Hay personas alrededor del mundo que están operando bajo un desorden emocional y viven sangrando sobre otros que no tienen la culpa de su triste pasado. Eso era exactamente lo que me acontecía. Se estaba desarrollando dentro de mí un carácter agresivo, sumado a lo que presenciaba en mi casa, eso me llevaba a ser quien no quería ser.

La carencia de amor y el sentimiento de rechazo que había en mí me estaban cerrando el corazón. De pronto comencé a hablarles a las personas de manera fuerte, desahogándome sobre ellos, aunque no tenían la culpa de lo que yo había vivido. Y a pesar de que no me daba cuenta, otros veían en mí a una persona arrogante, orgullosa y de carácter fuerte. Nadie sabía la razón de esas acciones.

El carácter se desarrolla con la influencia de las cinco personas más cercanas que rodean su vida. Mientras más tiempo permanezcas cerca de ellas, más te parecerás a ellas.

En la calle, la gente comenzó a decirme que era orgulloso y que mi forma de ser no le gustaba a nadie. Aun los líderes de la iglesia comenzaron a notar ciertas reacciones que molestaban. Lo que ellos no sabían era que muy dentro de mí había un alma quebrada pidiendo auxilio.

Durante ese tiempo, lloraba tanto que mis ojos mostraban la tristeza de mi alma que solo pedía ser restaurada de los daños causados por las ausencias de un *te amo* y por esa constante sensación de rechazo. No sabía dónde refugiarme y todo lo guardaba dentro de mí, por temor a ser rechazado. Es tan difícil sentir ese frío en tus huesos y el sentimiento de un alma quebrada. Llorar por dentro sin que otros se den cuenta, y anhelar ser abrazado, acompañado y escuchado.

Hay situaciones que deben ser atendidas, no atacadas. La Iglesia de Cristo debe estar preparada para ayudar a las personas a tratar esos traumas que muchas veces queremos atribuírselos al enemigo para despegarnos del problema. Pero hay circunstancias que deben tratarse de raíz y no desde lo que nuestros ojos ven en ese momento.

A los problemas emocionales hay que dedicarles el tiempo necesario para identificar el origen. Sin embargo, al no comprender de qué se trata, la Iglesia simplemente quiere reprender todo lo que ve. En ocasiones, no debe reprenderse, sino tratarse y recibir ministración con amor y aceptación.

Hay quienes creen que, si muestran o exponen sus heridas, serán juzgados, y el propósito para el cual fueron llamados, cambiará. Pero es necesario saber que Dios nunca va a detener el propósito que tiene para tu vida. Tus heridas pasadas son el testimonio de tu presente, y estas no significan *«retraso»* sino *«avance»*. Cuando entramos al desierto, al proceso de formación, lo hacemos con esas heridas que tienen nombre: algunas de ellas se llaman rechazo; otras, falta de amor; algunas, maltrato verbal y también traición.

"TUS HERIDAS PASADAS SON EL TESTIMONIO DE TU PRESENTE."

Pero al final de esa etapa de tu vida, cuando ya hayas atravesado el desierto y, hayas podido ser sano, verás que lo que alguna vez fue una herida, ahora es una cicatriz. Por lo cual, cada vez que veas en ti una cicatriz, recuerda de dónde Dios te ha sacado. Cada marca representa la misericordia de Dios sobre tu vida y la sanidad sobre vivencias emocionales que te dañaron, pero que ahora son testimonio de la obra sanadora de un Dios amoroso.

CAPÍTULO 5

El camino correcto hacia tu destino

«Mis pies han seguido sus pisadas; Guardé su camino, y no me aparté»

"Tu servicio te llevará al lugar exacto, con las personas correctas y en el tiempo perfecto."

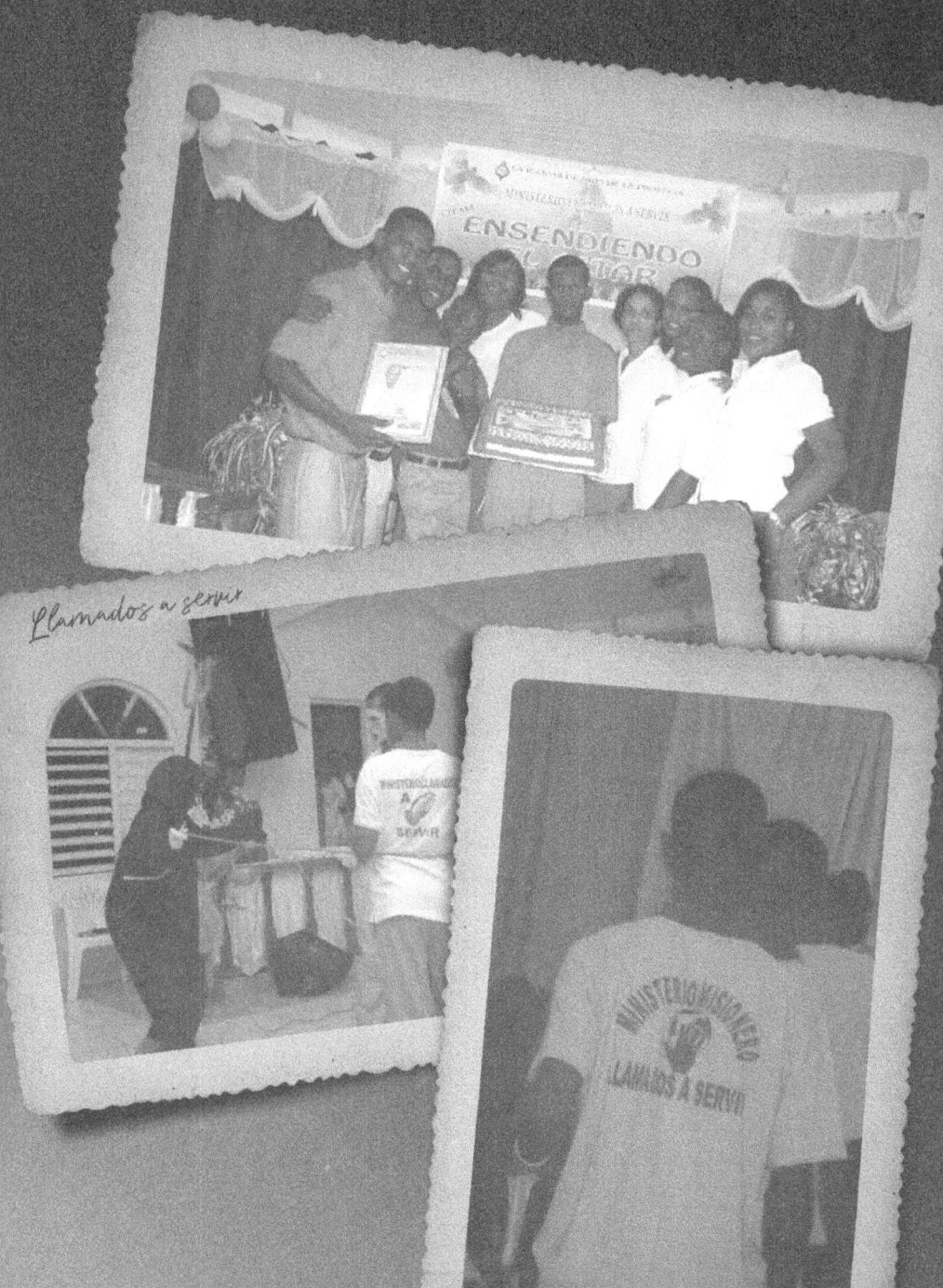

Llamados a servir

La adolescencia había llegado y mis 15 años arribaron con una mayor búsqueda de Dios. Mis mañanas, tardes y noches las pasaba en los atrios del Señor. Mis tiempos con Él eran los mejores. Durante esos momentos especiales de oración, pude hacer del Espíritu Santo, mi amigo. A través de Él, sentí los brazos de Papá rodearme con amor.

Me levantaba temprano para ir al colegio y, al finalizar las clases, regresaba nuevamente al altar de oración. Anhelaba que las horas de clase pasaran rápido, porque tenía una cita con el Espíritu Santo que me estaba esperando. Mis tiempos de oración se extendían a más de cinco horas diarias.

Cuando llegaba al templo, después de la escuela, lo primero que hacía era tomar una escoba y barrer todo el templo. Luego enjuagaba el trapeador y terminaba de limpiarla. Después, con un paño le quitaba el polvillo a todos los instrumentos y cables de sonido que estaban en la plataforma. Cuando todo estaba limpio, buscaba siempre estar cerca de una ventana para poder ver las montañas, y permanecía ahí por largas horas, orando. En mi corazón ardía una pasión, un fuego. Lo único que me importaba eran esos momentos cuando pasaba horas de rodillas hablando con Dios.

Regresaba a la casa de mis padres solo para comer y ducharme. Y los días que dormía en mi casa, como siempre, preparaba la silla y la ponía arriba de la cama, cubierta con una sábana blanca, y volvía a decir: *«Mi amigo, Espíritu Santo, esta silla es para que te sientes a hablar conmigo»*.

«DAVID, ¿NO SABE CANTAR?»

Cierto día, los líderes pastorales me pidieron que dirigiera la alabanza primero durante los tiempos de oración, luego en las vigilias y después en las oraciones matutinas. No había micrófonos ni equipos de sonido, pero amaba cantarle a Dios.

También cantaba en los momentos en que estaba solo. Tomaba una cuchara entre mis manos a modo de micrófono para cantar y predicar. Cuando veía que alguien se acercaba, me escondía para que nadie me viera. Hay cosas que se ven simples, pero cuando transitas la ruta correcta hacia tu destino, todo lo que haces se parecerá a lo que Dios quiere para ti.

Comencé a asistir a todos los ensayos del grupo de adoración, así como lo había hecho en la otra iglesia. Y mientras el equipo de alabanza ensayaba, yo les servía para que ellos estuvieran cómodos. Los ayudaba a armar micrófonos, y hacía todo lo que fuera necesario para asistirlos. Dentro de mí permanecía el deseo de ser parte del ministerio de adoración de los jóvenes, pero aún me veían muy pequeño, por lo tanto, me conformaba con poder simplemente ser de ayuda.

Durante uno de los ensayos, la líder del grupo, Morayma Rijo, estaba cantando *«Más allá del horizonte»* y *«Satura este lugar con tu gloria»*, antiguas alabanzas que elevaban nuestro espíritu. Estaban ensayando para una cruzada y necesitaban reforzar las voces de adoración, y una de las líderes asistentes preguntó: «David, ¿no sabe cantar?». ¡Imagina mi rostro! Miraba para todos lados, mientras pensaba: *«Se está equivocando de persona»*. Pero fijó su mirada en mí, y yo en ella, y me dijo: *«David, canta algo para escuchar tu voz y ver si calificas para el ministerio de adoración»*.

En ese momento recordé en mi cuchara y pensé: *«No es lo mismo cantar en mi baño con una cuchara, que hacerlo en la plataforma de la iglesia»*. Todos los que estaban en el ensayo miraban, y yo… muerto de vergüenza. Sentía que la voz del rechazo me decía: *«Lo harás mal. Cantas pésimo. No te van a aceptar»*.

Pero accedí. Me atreví a cantar. Cerré los ojos y comencé a entonar la canción: *«Jesús, mi fiel amigo, mi dulce caminar, quédate conmigo, no quiero volver atrás…»*. Cuando abrí los ojos, la líder de alabanza y el resto de los integrantes me estaban mirando. Entonces la líder dijo: *«Te daremos una oportunidad solo para la cruzada»*. ¡No podía creerlo! Finalmente, pertenecía al ministerio principal de adoración de la iglesia, aun cuando solo fuera hasta que la cruzada finalizara. Al parecer, la cuchara y mis canciones habían sido de ayuda en mi entrenamiento.

El libro de Samuel nos refiere a David como un joven conforme al corazón de Dios. Fue elegido para ser rey, aunque su padre, Isaí, nunca lo había visto de esa manera hasta que el sacerdote fue a su casa para ungirlo. Inicialmente Isaí le presentó a todos sus hijos mayores, preparados en batalla, calificados para los ojos naturales, pero descalificados para los ojos de Dios. Pero Jehová le dijo a Samuel que no era ninguno de ellos. Entonces el profeta preguntó si no le faltaba presentarle a otro hijo. Isaí respondió que había uno que apacentaba las ovejas, y Samuel lo mandó a buscar. David había sido descalificado sin siquiera haber sido presentado. Fue rechazado desde el corazón de su padre, pero amado por el corazón de Dios, porque Él no mira lo que el hombre ve. Aunque David fue ungido de adolescente como un futuro rey, recién pudo ocupar el reinado muchos años después. Primero tuvo que atravesar un proceso de entrenamiento previo como parte de su propósito.

No necesitas cubrir las expectativas de los hombres, si cubres las expectativas de Dios. Ya que Él, que te ve en lo secreto, te recompensará en público. Aunque otros lo intenten, nadie puede llenar el lugar que te pertenece. Tu destino está asegurado y Dios mantendrá reservado lo que es tuyo hasta que estés listo para recibirlo.

> *«Entonces dijo Samuel a Isaí: ¿Son estos todos tus hijos? Y él respondió: Queda aún el menor, que apacienta las ovejas. Y dijo Samuel a Isaí: Envía por él, porque no nos sentaremos a la mesa hasta que él venga aquí»*
>
> 1 SAMUEL 16:11

EL SERVICIO TE CONECTA CON TU PROPÓSITO

Llegaron mis 17 años y ya era parte de la Confraternidad Nacional del Liderazgo Juvenil, de todas las iglesias de Antigua. Amaba el liderazgo y siempre me identifiqué con ese llamado, pero aún me acompañaban esas viejas heridas que todavía sangraban dentro de mí. Mi ánimo era muy cambiante. Un día estaba bien, al siguiente, mal. Mis emociones jugaban con mi estado de ánimo.

"NO NECESITAS CUBRIR LAS EXPECTATIVAS DE LOS HOMBRES, SI CUBRES LAS EXPECTATIVAS DE DIOS."

Sentía mucha tristeza y deseos de llorar, entonces me preguntaba: «*¿Por qué tengo que estar así, si nadie me ha hecho nada?*». En ese tiempo no encontraba una respuesta a ese sentimiento que me lastimaba interiormente. Sin embargo, aun atravesando esas crisis emocionales, nunca dejé de buscar el rostro de Dios en oración.

Me apasionaba el liderazgo y servir a los demás. Siempre ha sido un deleite para mí ir a la iglesia para barrer, limpiar y abrir sus puertas principales los días de servicio. Aunque nunca fui ujier ni formaba parte del departamento de limpieza, hacerlo me salía del corazón, porque amaba servir dentro del templo. El servicio no es fruto de una posición dentro de la iglesia, sino de un corazón agradecido.

Mi deseo de servir era tan grande que me llevó a hablar con mis líderes y pastores acerca de formar un ministerio que tuviera por nombre *«Llamados a servir»*. Celebramos el inicio de nuestro ministerio con un evento al que nombramos *«Encendiendo el altar»*. Nuestra misión era servir en todas las necesidades del templo y también llevar alimentos para aquellos que estaban en necesidad económica. Nuestro lema era: *«Unidos en la oración, venceremos»*. Poco a poco fuimos creciendo como un ministerio que comprendía que todo lo que hacíamos partía desde la oración y el servicio incondicional.

> **"EL SERVICIO NO ES FRUTO DE UNA POSICIÓN DENTRO DE LA IGLESIA, SINO DE UN CORAZÓN AGRADECIDO."**

Como líder del ministerio, procuraba escuchar la voz de Dios para que me guiara a conocer cada necesidad del templo e incluso las situaciones económicas difíciles de los miembros. Comenzamos a realizar distintas actividades como conciertos y kermeses para recaudar fondos y suplir esas necesidades.

Los fines de semana, específicamente los sábados, todos los buses de la iglesia tenían que estar limpios, y también el templo, para cuando llegara el domingo, todo estuviera en perfecto estado. A través de este ministerio, Dios ponía en mí el deseo de llevar bolsas con alimentos a las personas necesitadas de la iglesia, y juntos tomábamos un tiempo de oración y entregábamos unas palabras de fortaleza a las familias.

Jesús dijo: *«El Hijo del Hombre no vino para ser servido, sino para servir»* (Mateo 20:28). El hombre más importante de la Biblia, Jesús, siendo rey y teniendo el derecho de que le sirvan, dijo que había venido para servir. Todos queremos tener grandes ministerios, pero ¿estás dispuesto a lavar los vehículos de la iglesia? ¿Estás dispuesto a limpiar los cables de los micrófonos del equipo de alabanza? ¿Estás preparado para ser un Eliseo que sirvió a Elías por más de diez años? A veces queremos los beneficios del ministerio, pero no aceptamos el sacrificio que conlleva tenerlo. Todo lo que hagas en el camino correcto te conectará hacia tu destino profético.

EL SERVICIO TE CONECTA CON LAS OPORTUNIDADES Y PERSONAS CORRECTAS

Aquel esperado día de la cruzada llegó. Fui uno de los primeros en llegar con mi camisa, mi corbata y mi pantalón de vestir. Llevaba en la mano mi Biblia y mi himnario de gloria, y me senté a esperar a todos en la primera fila. Ya no era un ensayo. Tampoco era el baño de mi casa, afinando con la cuchara que usaba para practicar cuando nadie me veía. Esa era la realidad. Debía cantar en medio de cientos de personas que tendrían su mirada en el gran coro que entonaba los himnos, y eso me incluía a mí.

Cuando llamaron al ministerio de adoración para que se ubicara, mis rodillas chocaban una con la otra y las manos me temblaban de los nervios. Pero Dios estaba orquestando un camino que estaba en formación para alinearme al destino que había predestinado para mí.

Fue una semana llena de nuevas experiencias. Un desafío para mi vida, pero al mismo tiempo, una vivencia hermosa e inolvidable. Debes saber que todo lo que Dios permite en tu vida es para acercarte a tu destino profético. Dios nunca te dará algo sin que estés preparado para recibirlo. Muchas veces queremos éxitos, pero aún no contamos con la base necesaria para sustentar esa conquista. La base del éxito está formada por los procesos y desiertos que te llevarán a la cima. El desierto te enseña y te forma. Y si se convierte en un camino de turbulencia, tiene como único objetivo sacudir el temor que vive en ti y reparar esa baja estima que no te permite creer en ti mismo. Esos procesos y desiertos simplemente son parte del plan de formación que Dios utilizará para alinearte con Él y tener una base sólida donde poder construir. De esa manera, cuando estés arriba, podrás permanecer. Ya que es más fácil llegar que permanecer. Si estás hecho de un material liviano, la perdurabilidad de tu estructura no durará mucho tiempo.

Algo que debes siempre tener en cuenta es que, si estás pasando por una prueba en la que alguien quiere ver qué tan bueno eres, ya sea en el canto, predicando o danzando, no dependas de tu habilidad, porque, aunque seas muy bueno en algo, quien pone la gracia y el favor en ti, es Dios.

"TODO LO QUE DIOS PERMITE EN TU VIDA ES PARA ACERCARTE A TU DESTINO PROFÉTICO."

No se trata del que mejor haga las cosas, sino con quién y para quién las haces. Puede haber mejores cantantes o músicos que tú, mejores líderes en su función que tú, pero si Dios está a tu favor, a pesar de que no cantes como otros, el sonido que saldrá de ti será único. Si Dios ya lo aprobó, te usará para bendecir a una generación. Dios no te llamó para que te escondas o trates de buscar excusas para no cumplir con tu llamado, como intentó hacer Gedeón al decir: «*Ah Señor, ¿cómo libraré a Israel? He aquí que mi familia es la más pobre en Manasés, y yo el menor de la casa de mi padre*» (Jueces 6:15). Dios te escogió para que puedas ver el depósito que puso en tus manos, y aunque te sientas insuficiente y el rechazo de un pasado te grite que no lo lograrás, podrás decir: «*Todo lo puedo en Cristo que me fortalece*» (Filipenses 4:13).

NO BUSQUES LLENAR TUS VACÍOS CON APEGOS INCORRECTOS

Cuando finalmente David fue ungido, Isaí, su padre, lo mandó al terreno de combate para llevarle pan a sus hermanos. Al llegar, escuchó a un gigante paladín llamado Goliat, proferir agravios contra Dios, Su espíritu se inquietó y gritó: *«¿Quién es este incircunciso que se atreve a desafiar a los escuadrones de Jehová? Yo pelearé con él, y ganaré»*. Lo que David no sabía era que la acción de servicio de llevarle comida a sus hermanos lo conectaría con lo que Dios había dicho de él.

Tu servicio te llevará al lugar exacto, con las personas correctas y en el tiempo perfecto. No te turbes si nadie te está viendo o si permaneces mucho tiempo en el anonimato. Ese es tu tiempo de preparación, porque al terreno de combate no entran los inexpertos. Dios te está preparando para que, cuando llegue tu tiempo, estés listo para derribar a tu Goliat. Pero lo cierto es que a veces tu Goliat no será una persona física, sino un gigante que grita en tu interior. Muchas veces, tu Goliat serán temores, miedos, grietas, luchas emocionales y guerras mentales.

Durante ese tiempo tuve un amigo que se llamaba Josué, a quien quise como a un hermano. Josué y yo estábamos *«para arriba y para abajo»*, como dicen en mi país. Nos decían *«los inseparables»*. Con el tiempo me fui dando cuenta del apego que teníamos y del miedo que me daba perderlo como amigo. Sabía que esto no era algo normal. Uno de los síntomas del rechazo es el temor al abandono y a vivir una vida afanada por lo que puede llegar a pasar mañana. Sientes esa agonía por dentro y esa fobia que te abraza con tan solo pensar en el futuro. Cuando esto me sucedía, lloraba y recordaba el momento cuando nuestros padres nos dejaron. Pensar en que podía volver a suceder, me aterraba. Buscaba la manera de tener a Josué siempre cerca para no estar solo, y mantenerlo agarrado, aunque me sangrara la mano. No quería estar lejos de Josué porque lo sentía mi lugar de refugio, ya que en mi casa no podía hablar con nadie, no me prestaban atención y yo prefería no hablar nada de lo que me ocurría.

> **"TU SERVICIO TE LLEVARÁ AL LUGAR EXACTO, CON LAS PERSONAS CORRECTAS Y EN EL TIEMPO PERFECTO."**

En mi caso, otro de los síntomas del rechazo era sentirme solo, aún cuando estuviera rodeado de personas. No sé si te ha ocurrido esto, pero puedes estar rodeado de mucha gente y sentir que estás solo. Entonces intentas llenar ese vacío reprochando al que está a tu alrededor, diciéndole que no te presta atención. Te enojas fácilmente. Te vuelves egoísta. Y crees que solo tú necesitas amor.

Cada vez que pensaba que Josué se iría para siempre, un frío recorría mi cuerpo, y el miedo dominaba mis emociones.

Sentía ansiedad y depresión. Lloraba sin causa. Pero detrás de todo esto estaban esas heridas emocionales que poco a poco me estaban matando.

Comencé a empoderar a mi amigo en el ministerio, a tal grado que no me daba cuenta de que lo quería más que a Dios mismo. El apego te siega y satisface tu soledad momentáneamente. Te hace creer que aferrarte a alguien, hace bien. Pero solo es un reemplazo transitorio. Cuando tienes miedo de perder a una persona, estás colaborando a que pronto se aleje de ti. Lo que más temes hoy, tendrás que enfrentarlo en algún momento. El apego te hiere y te aniquila emocionalmente si proviene de una emoción quebrada, ya que te haces dependiente de otros y te vuelves vulnerable. Los apegos dejan de ser buenos cuando no permites que otros se vayan y pretendes mantenerlos amarrados sin soltarlo, aunque te hagan daño.

Cuídate del apego, pero sobre todo procura llenar cada vacío que por situaciones que hayas vivido tengas en el corazón, en Dios y no con otras personas. El salmista David fue quien en una ocasión dijo:

«Pero yo me acercaré a Dios, pues para mí eso es lo mejor.
Tú, Señor y Dios, eres mi refugio, y he de proclamar todo
lo que has hecho»

SALMO 73:28 DHH

CAPÍTULO 6

Ponle nombre a tu destino

¿De qué manera quieres que las personas te vean: como un derrotado o como un vencedor? No sé cómo te ves a ti mismo, pero conozco a alguien que ya escribió y vio la mejor versión de ti. Tu motivación hacia la superación es saber que alguien te está mirando, que tu legado es tu mejor libro. Que tu ejemplo es tu mejor lápiz.

Permíteme continuar con mi historia. Cuanto más oprimido por el temor me sentía, más iba al templo a orar. Era el único lugar donde podía desahogarme, porque en ese momento, Jesús era el amigo más íntimo que tenía. Muchas veces, cuando nos sentimos así, lo primero que soltamos es la oración, pero no hay forma de salir de una cárcel emocional sin el poder de la oración.

Durante mis tiempos libres, luego de las clases, buscaba la oportunidad para hablar con Dios y hacerle preguntas como: ¿Cuál es mi propósito en la tierra? ¿Por qué permitiste que naciera si no sentiría paz en mi corazón? ¿En qué momento te olvidaste de mí y no me ayudaste en medio de tanto dolor? Esas preguntas surgían de mi interior cuando no comprendía lo que me estaba pasando.

A veces llegaba a casa con el deseo de que alguien me escuchara, mamá, papá o quizás alguno de mis hermanos. Pero mi papá siempre estaba discutiendo con mi mamá, y entre gritos lo escuchaba decir que se quitaría la vida tirándose al mar. Esto me provocaba una mayor confusión, ya que mi papá había aceptado a Jesús como su Salvador. Luego entendí que mi papá creció en un contexto familiar de hechiceros, y aún no había logrado tener un verdadero encuentro con Dios. Presenciar todas estas escenas en mi casa solo hacía que regresara a la iglesia con los ojos llenos de lágrimas, y a buscar al amigo que nunca dejaría de escucharme, Jesús.

Dentro de tanta confusión, siempre buscaba el amor de mi padre, y no lo encontraba. No quería que llegara el día siguiente, sintiendo una gran ansiedad y el profundo deseo de escuchar a mi padre decir: *«Hijo, te amo»*. Y que me abrazara fuerte hasta oír el latido de su corazón y que mi cabeza reposara sobre su pecho. Pero aún allí, Dios me estaba direccionando hacia mi destino profético.

> **"NO HAY FORMA DE SALIR DE UNA CÁRCEL EMOCIONAL SIN EL PODER DE LA ORACIÓN."**

Como verás, todavía había áreas en mi vida que necesitaban ser trabajadas. Estaba tan decepcionado de todo que, en algunos momentos, también surgían en mí esos deseos de quitarme la vida, de no vivir más, y hasta llegué a pensar igual que como mi papá le dijo a mi mamá: tirarme al mar.

Diciembre es el mes de mi cumpleaños y coincide con las fechas navideñas. Esto lo hacía aún más difícil para mí. Esperaba más un te amo que un regalo. Deseaba más un abrazo que un pastel. Anhelaba jugar con mis padres, más que tener un juguete y estar solo. Mis cumpleaños eran escenarios de sonrisas escasas, opacados por una tristeza profunda y el dolor de un hijo que intentaba encontrar sentido a la vida mientras lidiaba con preguntas que nunca recibían respuestas.

Sin embargo, aun mientras seguía teniendo esas luchas internas, mis heridas nunca paralizaron mi nivel de oración. Había aprendido que, en medio de una crisis, no sales corriendo ni abandonas tu posición. Eso les enseñan a los soldados que van a la guerra. De lo contrario, se transforman en cobardes. Además, abandonar el área de combate pone en peligro al ejército completo. Antes de soltar todo, tienes que pensar en aquellas personas que están en la misma posición que tú y recordar que eres el espejo de alguien más.

Vivíamos en St. John, capital de Antigua, una zona donde todos los aviones que entraban a la isla cruzaban el cielo de mi casa. Siempre tuve el deseo de estudiar aviación y ser piloto algún día. Verlos atravesar el cielo me encantaba, por eso me sentaba fuera de mi casa y esperaba verlos pasar. Entonces le decía a mi mamá: *«Cuando sea grande, quiero ser piloto de uno de esos aviones que cruzan todos los días por casa»*. Pero los planes de Dios eran otros.

«Porque mis pensamientos no son vuestros pensamientos, ni vuestros caminos mis caminos, dijo Jehová. Como son más altos los cielos que la tierra, así son mis caminos más altos que vuestros caminos, y mis pensamientos más que vuestros pensamientos»

ISAÍAS 55:8-9 RVR1960

UNA VISIÓN QUE CAMBIÓ MI DESTINO

Una tarde, mientras estaba orando en el templo, tuve una visión. Me vi cantando y predicando en un escenario ante una multitud. El escenario era una tarima grande rodeada de muchas luces. Era esa clase de visión que solía ver de niño, mientras oraba en el altar. Pero esta experiencia fue diferente e impactante para mí ya que ahora era un joven buscando su propósito.

Desde esa tarde comencé a decirme: *«Dios me está llamando y debo estar listo para cuando llegue mi tiempo»*. Entonces inicié a mirar muchos videos musicales de distintos cantantes, quienes en ese tiempo se volvieron un referente para mí. Así mismo me dediqué a escuchar buenas prédicas de grandes hombres y mujeres de Dios.

Cuando terminaba de ver esos mensajes, me encerraba en la habitación de mi casa y como siempre, invitaba al Espíritu Santo a hablar. Mis oraciones nunca hacían referencia a viajar a las naciones, más bien le preguntaba si las visiones que me mostraba eran en las naciones. Entonces le decía: *«Señor, quiero llegar a donde estos hombres y mujeres de Dios están»*.

Cada uno de mis hermanos servía en diferentes ministerios. Poco a poco Él fue trabajando en cada uno de sus corazones. Dos de mis hermanos mayores, Oscar y Julio, aprendieron a tocar el bajo y el piano. Josué, mi amigo, aprendió a tocar la batería. Y aunque yo era parte del ministerio de adoración de la iglesia, sentía que Dios me estaba llamando a cosas aún mayores.

> "HABÍA APRENDIDO QUE, EN MEDIO DE UNA CRISIS, NO SALES CORRIENDO NI ABANDONAS TU POSICIÓN."

A los 18 años comencé a escribir mis primeras canciones. Nunca había estado tan emocionado. Tenía el gran deseo y el maravilloso sueño de grabar un disco, pero no sabía cómo y tampoco tenía los recursos económicos para hacerlo. Estaba ansioso por cantar los nuevos temas musicales, y entendía que estaba listo para ir a las naciones.

Pero en el momento en que estaba descubriendo mi propósito, el rechazo se intensificó aún más fuerte. Estaba muy preocupado porque no me permitían cantar mis propias canciones. Yo creía que estaba listo para avanzar e ir por todo lo que Dios me estaba mostrando en sueños: las luces, los escenarios, las multitudes. Sin embargo, aún había heridas por sanar y muchas cosas por aprender.

Dentro de mí se estaba desarrollando un carácter difícil, lo que hacía que cada vez que hablaba con las personas que me rodeaban, se ofendieran. Esa misma furia y las reacciones que vivía en casa eran las que manifestaba ante los demás. Algunos comenzaron a llamarme orgulloso, altanero y odioso. Y mientras escuchaba todo esto, mis ojos se llenaban de lágrimas pidiendo auxilio.

Sin poder decir nada, buscaba un lugar donde nadie me viera llorar. Allí le decía a Dios: *«Papito, no quiero ser así. No me dejes. No me abandones»*. Pero lo que los demás veían en mí era el reflejo de lo que había en mi corazón. Desde ese momento, comenzó a darme vergüenza mirar a las personas a la cara. Temía que me dijeran lo mismo.

Ahora entiendo que tal como dice Efesios 4:23 *«En cambio, dejen que el Espíritu les renueve los pensamientos y las actitudes»*. Debemos que Dios nos renueve, para experimentar el cambio que proviene de Él.

Descubrir tu propósito no significa que estés listo para operar en él. Cuando Dios te elige y te unge, es para formarte. Jesús instruyó a sus discípulos durante tres años para luego enviarlos.

Un llamado es eficiente y perdura en el tiempo cuando tiene un mensaje claro acerca de a quién estará representando.

Por ejemplo, una empresa que vende productos alcanzará su máximo de ventas de acuerdo con la forma en que el vendedor los presenta ante el comprador, y el conocimiento que tiene del producto que ofrece. Generalmente, la empresa se encarga de preparar al empleado para que, cuando esté frente a un comprador, tenga el conocimiento necesario de lo que tiene que vender.

Cada empresa tiene un logo o una marca que la identifica, y cada empleado lleva un uniforme que la representa. Los empleados no pueden salir a promocionar un producto sin antes haber sido entrenados, tampoco podrán venderlos si primero no han sido autorizados, porque sin el conocimiento correcto dejarían una mala imagen de la empresa. Cuanto más formados y entrenados estén, más probabilidades tendrán de alcanzar buenas ventas.

> "DESCUBRIR TU PROPÓSITO NO SIGNIFICA QUE ESTÉS LISTO PARA OPERAR EN ÉL."

La generación actual busca promocionar o vender un producto que realmente no conoce. Quiere liderar ministerios, pero no está dispuesta a pagar el precio. Busca tener éxito, pero no quiere formarse. Quiere vender un producto el cual desconocen sus beneficios y nutrientes. Pero ¿cómo podremos hablar de un Cristo que no conocemos?

Cuando hablamos del Reino de Dios, aunque le pertenece a Él, nosotros lo operamos, pero solo Dios sabe lo que se necesita. Por tal razón, no podemos hablar de un reino que no conocemos, y para ello necesitamos ser formados. No puedes ser enviado con las manos vacías. Necesitas conocer a quién estás representando y qué ofrece a la humanidad el Dios del cual hablas. Debes tener en claro el mensaje y la certificación de que fuiste enviado, habiendo pagado el precio de la formación y la espera.

Muchas veces salimos a las calles a predicar lo que Dios NO nos dijo, sino lo que hemos escuchado de otros. Ser entrenados en el Reino amerita tiempo y sacrificios. Mientras más conozcas el producto que estás ofreciendo, mayor efectividad tendrás, más almas vendrán a Jesús y verás grandes milagros acontecer. De esa forma serás la persona ideal para extender la voz de Dios aquí, en la tierra. Jesús dijo: Y esta es la vida eterna, que me conozcan a mí. Cuanto más conozcas al Señor, más claro será tu mensaje y más limpias y certeras serán tus palabras.

Los domingos eran los días en que más personas asistían a la iglesia. Siempre los adoradores principales del ministerio participaban de la alabanza, como parte del programa. Pero como integrante del ministerio de adoración, quería que alguna vez me dieran la oportunidad de cantar un especial, un solo. Sin embargo, los domingos transcurrían… y nunca me elegían para cantar.

Una vez, no quise esperar más y le dije al pastor: «*¿Por qué ponen siempre a las mismas personas a cantar todos los especiales del domingo, y a mí nunca me lo permiten?*». Hasta el día de hoy mantengo guardada en mi corazón la respuesta que me dio el pastor. Me llamó por mi nombre y me dijo: «*David, no te distraigas observando a quienes hoy están en la plataforma adorando. Solo Dios entiende el propósito detrás de sus elecciones. Concéntrate en tu desarrollo y en estar listo, para que cuando el Señor te permita estar ahí, puedas presentarte con algo verdadero y lleno de Su presencia*».

> "CUANTO MÁS CONOZCAS AL SEÑOR, MÁS CLARO SERÁ TU MENSAJE Y MÁS LIMPIAS Y CERTERAS SERÁN TUS PALABRAS."

Esa palabra me confrontó tanto que ese día comprendí que no se trataba simplemente de cantar ni de tener participaciones especiales todos los domingos, sino de tener un depósito de alimento para darle a un pueblo que viene hambriento en busca de una palabra.

Escuché a alguien decir que la ley del depósito es imprescindible para aquellos a quienes Dios les otorga el privilegio de alimentar a otros, y para eso deben tener su depósito siempre lleno de alimento. De lo contrario no pueden dar de lo que no tienen, ya que eso crearía una atmósfera contraria a la esperada. Tenemos mucha energía para cantar en todos los escenarios, pero no tenemos el depósito preparado previamente para darle palabra a un pueblo que espera escuchar la voz de Dios.

Una de las responsabilidades de un adorador es cuidar el oído de un pueblo que viene a escuchar palabras frescas, no ruidos que entretienen a la iglesia. Recuerda que hablamos lo que cargamos dentro. Si tus palabras no están llenas del conocimiento y del poder del Espíritu Santo, la vida que es Cristo no está en ti.

Elige bien a quién escucharás y qué contenido permitirás que entre a tu vida. En mi caso, recuerdo que amaba escuchar a los ancianos de la iglesia y aprender de ellos. Para mí era una delicia cada consejo que recibía, era como una perla que no podía despreciar, y hoy doy gracias a Dios por ellos y por los pastores que en algún momento se detuvieron a formarme en mi crecimiento espiritual.

LA DESILUSIÓN TAMBIÉN ES PARTE DEL PROCESO

Los hijos son como esponjas que absorben todo lo que ven. Muchas veces, el joven alcohólico es producto de un padre que bebía delante de él. La prostituta que hoy recorre las calles probablemente fue una niña con falta de atención de parte de su padre o de su madre, y esto la llevó a desahogarse vendiendo su cuerpo a cambio de un poco de cuidado. Lo que un padre hoy no les enseña a sus hijos, otros lo formarán a su manera.

El deseo de grabar mis canciones continuaba intensificándose, pero cada vez que hablaba de mis sueños con algunas personas, me decían: *«No pierdas tu tiempo. Enfócate en estudiar y ser un profesional. La música no te llevará a ningún lado»*. Otras me aconsejaban: *«Aquí, en Antigua, no hay ningún ministerio de alabanza que se haya levantado y que Dios lo haya llevado a las naciones»*. Cada una de estas palabras entristecía mi corazón de tal manera que, al llegar a mi casa, me escondía debajo de la cama y lloraba hasta que mis ojos se hinchaban.

A medida que los días pasaban, me enamoré de una muchacha de la iglesia, y mi sueño era casarme con ella, pero sus padres no me aceptaban, ya que creían que no tenía un futuro para ofrecerle a su hija. Si bien era un joven cantante del ministerio, preferían a un profesional. Ella era una de las mejores estudiantes de toda la escuela, pero en mi caso, el llamado al ministerio era ineludible.

Estoy de acuerdo con que un padre siempre va a querer lo mejor para sus hijos y buscará la manera de que se casen con compañeros idóneos. Pero nuevamente sentí la voz del rechazo que me decía: *«Nadie te quiere. No eres suficiente»*. La angustia de la soledad me abrazaba e ingresaba un frío en todo mi cuerpo que provocaba una gran ansiedad y un gran vacío en mi corazón.

LA ESCALERA DEL PROCESO

El proceso es como una escalera donde cada escalón tiene una historia diferente, y para llegar al último es necesario comenzar por el primero. Quizás el primer escalón se llame *«Rechazo»*; el segundo, *«No lo lograrás»*; el tercero, *«No eres suficiente»*; pero el último también tiene nombre, y es: *«ERES VENCEDOR»*.

Solemos creer que quienes hoy no te aceptan te están haciendo un mal, y lo tomamos de forma personal, entonces nos estancamos y nos paralizamos.

Si estás pasando por un desierto, y no sabes cuándo terminará ese proceso, debes entender que, para llevarte a las alturas, Dios necesita quitarte las escamas que pesan sobre tu vida, porque debes aprender a volar en libertad.

Las heridas de tu presente serán las cicatrices de tu futuro. Y tus cicatrices serán el testimonio de que fuiste sanado. Los que hoy te echan al horno, no te hacen un mal, sino un bien. Dios permite que determinadas personas te rodeen para sacarte de tu zona de confort. Era necesaria la persecución para que los discípulos se movilizaran y esparcieran el Evangelio en distintas ciudades.

El hombre y la mujer de Dios no pueden estar muy cómodos. Las aguas tienen que moverse para que tu bendición llegue. Si la marea no se hubiera levantado, Pedro no hubiera caminado por las aguas. Si no hubiesen lanzado a los tres jóvenes hebreos al horno de fuego, no hubieran cambiado su sistema idólatra. Si a Jesús no lo hubiesen crucificado, no hubiera resucitado y, por lo tanto, no tendríamos salvación.

Querido lector, hay circunstancias incómodas en tu presente, que son traídas por Dios hasta ti para sacarte de esa zona de confort en la que te has estacionado, para mostrarte la capacidad y el potencial que tienes, y para retarte a llegar a ese destino que está plasmado por el Señor para tu vida. Así que continúa caminando, a pesar del rechazo, del horno de fuego, de las aguas turbulentas. ¡Sigue avanzando!

CAPÍTULO 7

Decisiones que conducen a tu propósito

"Hay destinos que solo fueron diseñados para ti, que por más maletas que quieras llevar, las alturas no permiten el exceso de peso."

Tenía 19 años cuando finalicé la escuela secundaria. Era el momento exacto para comenzar una nueva etapa de mi vida. En ese tiempo, en la isla de Antigua no había universidades, y todos los estudiantes que querían ser formados profesionalmente debían abandonar el país para poder prepararse.

Como ya conté anteriormente, amaba la aviación y quería ser piloto, pero lo que sentía en mi interior no se relacionaba con la aviación, sino con el anhelo de servir en el altar de Dios. No se trataba de lo que yo quería, sino de la pasión que sentía en mi interior.

Al tener que decidir acerca de mi futuro, mi mente estaba partida en dos. No sabía si seguir estudiando algún oficio en Antigua o ir hacia donde mi corazón se inclinaba, que era dedicar mi vida entera a los negocios del Padre.

Por otro lado, me sentía frustrado, porque además de las cosas de Dios, no hallaba fuera de la aviación otra vocación. Mi única alternativa era orar para que Dios dirigiera mis pasos.

Miles de jóvenes en todas las naciones, al finalizar esta primera etapa de su vida, aún no están seguros acerca de lo que quieren estudiar. Esto provoca frustración y ansiedad sobre su futuro, sienten la presión familiar y social de elegir hacia dónde deben ir.

También están aquellos que quieren crecer económicamente o casarse, y aún no han encontrado la salida para sentirse realizados.

Cuando esto no llega a tu vida, pregúntate si hay algo en ti que debes remover antes de que llegue tu respuesta, y consulta con Él si es Su voluntad recibir lo que pides. Porque el Señor dice en Su Palabra: «*Sé muy bien lo que tengo planeado para ustedes, dice el Señor, son planes para su bienestar, no para su mal. Son planes de darles un futuro y una esperanza*» (Jeremías 29:11 PDT).

Dios siempre querrá lo mejor para tu vida, y esto debe ser parte del plan que preparó para ti. Para ese momento era absolutamente consciente de eso y decidí buscar Su guía y ayuda.

CUANDO EL CRECIMIENTO REQUIERE SOLEDAD

Comencé a orar por largas horas en los montes de mi ciudad. Allí pude experimentar nuevos niveles de revelación. Poco a poco mi vida fue dando un giro drástico. En esa temporada, Dios me habló de un gran amigo que tenía, y me dijo: «*Para llevarte a tu próximo nivel, necesitas soltar lo que tienes amarrado a tu corazón*». Tomar la decisión de soltarlo produjo en mí un gran temor y una profunda angustia como nunca había sentido. El miedo a perderlo como amigo era un dolor muy grande. Me había aferrado tanto a él, que se me hacía difícil abrir los puños y soltarlo. Era mi único amigo. Peleaba con Dios y lloraba todos los días. Lo que aún no entendía era que Dios quería trabajar algo en mi interior, y para completar Su obra, esa amistad no era parte del plan. Sin embargo, Dios había provisto de otro amigo, el Espíritu Santo, que me llevaría al propósito que tenía para mí.

Sé que hay cosas en tu vida que nunca quisieras entregar o que no quisieras que te las pidieran, pero a veces es necesario. Cada mañana me levantaba y pensaba que todo estaba bien, y ese pensamiento cambiaba mi día por completo. Tenía que pensar que Dios me había hablado y que no podía seguir caminando hacia mi destino si no aprendía a soltar. Dios me enseñó que para amar hay que sanar, que el verdadero amor no se aferra de manera posesiva, que antes de amar a otro debía amarme a mí primero. Para poder ser sano, debía relacionarme con las personas que me llevarían a una verdadera sanidad interior.

"NO SE TRATABA DE LO QUE YO QUERÍA, SINO DE LA PASIÓN QUE SENTÍA EN MI INTERIOR."

Muchas veces queremos atravesar el proceso de nuestra vida acompañados por una multitud, pero en la cisterna que fabricaron para ti, solo cabes tú. Esa cisterna tiene tu nombre y se diseñó para algo específico. Cuando llegues a ella, todas las piezas que necesiten reparación serán cambiadas por aquellas que estén en perfecto estado. Y de la única manera que la cisterna realiza su trabajo es cuando entras allí, solo.

«Cuando José llegó a donde estaban sus hermanos, le arrancaron la túnica muy elegante, lo agarraron y lo echaron en una cisterna que estaba vacía y seca»

GÉNESIS 37:23-24 NVI

En esa cisterna, al igual que a José, Dios te procesa, porque aún llevas puesta la túnica de colores que Él quiere quitarte y cubrirte con el manto del guerrero. A veces, la túnica se ve linda por fuera, pero quien la lleva puesta necesita ser procesado en su interior.

Allí, en los montes, mientras oraba, desde donde se veía toda la ciudad, comencé a tener encuentros sobrenaturales. Casi todos los días nos reuníamos a orar con un grupo de jóvenes. Mis noches eran mis días, y mis días eran mis noches, porque no dormía. Oraba solo en las madrugadas.

> **"A VECES, LA TÚNICA SE VE LINDA POR FUERA, PERO QUIEN LA LLEVA PUESTA NECESITA SER PROCESADO EN SU INTERIOR."**

En ese monte aprendí a tener una relación constante con el Espíritu Santo. Todo lo que salía de mi boca eran experiencias nuevas. En las alturas, podía sentir el frío de las madrugadas y el sonido de un mar que golpeaba sus olas con furor contra las rocas. Esos montes se convirtieron en mi lugar de encuentro con el Espíritu Santo, en mi lugar favorito. Allí me esperaba todos los días mi amigo, el Espíritu Santo, para tener largas conversaciones. Aprendí que una relación no depende del tiempo que dura, sino del contacto constante en el que permanece.

Jesús fue junto a sus discípulos a orar al monte Getsemaní. Entonces les dijo: *«Sentaos aquí, entre tanto que voy allí y oro»*. Y tomó a Pedro y a otros dos discípulos y los llevó más adelante, más cerca del lugar donde iba a orar. Al leer estos textos, me preguntaba por qué Jesús se separaba de ellos para orar. Pero cuando regresó, sucedió lo siguiente: *«Vino luego a sus discípulos, y los halló durmiendo, y dijo a Pedro: ¿Así que no habéis podido velar conmigo una hora?»* (Mateo 26:40). Entonces comprendí que a Jesús le interesaba que sus discípulos oraran, que, al igual que Él, tuvieran una relación de intimidad con el Padre. Porque cuando tienes una relación con Dios, tu tiempo con Él se convierte en largas horas de cercanía. Cuando amas a una persona, no cumples un horario, te desvelas conversando, las horas pasan y ni cuenta te das, porque una relación es más que cumplir un horario.

EL SUEÑO DE MI PRIMERA GRABACIÓN

Un día, de camino a la iglesia, se me acercó una hermana y comenzó a hablarme acerca de un disco que yo iba a grabar. Empezó a profetizarme diciéndome que Dios me llevaría a las naciones. Mientras ella hablaba, yo recordaba todas las visiones que

Dios me había mostrado en sueños. Al escucharla me emocioné tanto que, cuando terminó de hablar, llegué a la iglesia y comencé a revisar las canciones que había escrito para seleccionarlas.

Luego llamé a uno de mis hermanos para contarle lo que me habían profetizado y decirle que quería grabar una de las canciones que había escrito. En ese momento no conocíamos con quién podíamos hacerlo técnicamente.

Comenzamos a investigar quién podía ayudarnos a conseguir un estudio de grabación, y no podíamos encontrar ninguno. Era un gran desafío hallar el lugar correcto porque no sabíamos nada acerca de producciones musicales. Finalmente, encontramos un estudio inglés, y ahí comenzamos a grabar nuestro primer sencillo titulado: «*Que tu presencia permanezca en mí*».

No teníamos los recursos económicos para hacerlo, pero mi hermano tomó el poco dinero que había ahorrado y pidió prestado lo que le faltaba. Ese primer sencillo fue un sueño cumplido y creí que este tema me llevaría a cantarle a las naciones. Cuando terminamos la grabación, pensé: «*¡Wow! Esta canción me llevará a mi destino profético*». Comenzamos a cantarla en todas las iglesias de la isla, y aunque a todos les gustaba mucho, nada especial sucedía.

El tiempo continuaba pasando, y ya a los 22 años había escrito ocho temas. Era el momento de grabar un disco completo. La pregunta era: Si no había podido pagar la grabación de una sola canción, ¿de dónde sacaría el dinero para un disco completo? La única opción posible era acudir a mi papá. Él podría ayudarme a cumplir ese sueño que hacía tanto tiempo estaba latiendo dentro de mí. Sin embargo, el verdadero problema era cómo le pediría a mi papá los 7,500 dólares, cuando ni siquiera teníamos una relación tan estrecha. Entonces pensé que la forma más sencilla y segura de llegar a su corazón sería a través de mi mamá. Hablé con ella para que nos ayudara, y aceptó. Se acercó a mi papá y le explicó. Sorprendentemente, accedió a darnos el dinero para la grabación. Por supuesto, le estoy tan agradecido a mi mamá, la mejor de todas, por habernos ayudado, y a mi papá por su corazón bondadoso, que me sorprendió en gran manera.

Con mucha ilusión produjimos el disco conformado por ocho temas. Una vez finalizado, estaba seguro de que esa sería la oportunidad que abriría las puertas al mundo entero. Pensé que comenzaría a viajar y a vivir lo que Dios me había hablado. Lo que no sabía era que, antes de que eso ocurriera, tendría que enfrentar y confrontar el rechazo y el miedo que llevaba por dentro. La promesa de Dios era real, pero nunca me había dicho la forma ni el método de cómo lo lograría.

Muchas veces los ministros fracasan ante el llamado de Dios a las naciones porque no toman el tiempo necesario para prepararse y sanar las heridas que todavía sangran dentro de ellos.

A esa edad aprendí que, a pesar de todo el esfuerzo económico y físico, un disco no me llevaría a las naciones. Dios había determinado un tiempo para que ese sueño se hiciera realidad. Esto implicaba atravesar un proceso de sanidad absolutamente necesario. No podía salir a sanar al mundo cuando todavía yo estaba herido y con altas posibilidades de lastimar a otros que estaban sanos. Dios nunca te enviará a enfermar a Su pueblo. Primero te preparará, te habilitará, te sanará y luego te enviará.

Jesús primero preparó a Sus discípulos, los capacitó, les dio Su Espíritu Santo, y luego los envió. Pedro no podía ser el administrador de la Iglesia sin que antes descendiera el Espíritu Santo sobre él.

Aunque yo creía que estaba listo para ir a las naciones, aún no estaba sano para poder sanar a mi generación. Tenía grietas que con el tiempo se fueron abriendo más y más.

¿HABRÉ ENTENDIDO BIEN?

Cuando terminamos de grabar el disco, Dios habló a mi espíritu y me dijo que debía volver a la tierra que me vio nacer: República Dominicana. A partir de ese momento se generaron muchas preguntas en mi mente. ¿Por qué regresaría al país donde tanto había llorado? Volvería a estar solo nuevamente, sin mis padres, mis hermanos y esto incluía a mi gran amigo. Estaba totalmente confundido al recibir esta palabra de parte de Dios. Tendría que dejarlo todo. ¿Tantos años en la isla para luego tener que mudarme? No entendía nada.

Para ese tiempo comencé a preparar líderes que se quedarían a cargo del ministerio *«Llamados a servir»*. Empecé a preparar mi mente para mi salida de la isla y dejar a mi familia, pero no estaba listo para soltar a mi amigo. Quería que él viniera conmigo, aunque al mismo tiempo sabía que no era la persona que me conectaría con mi destino profético. Mis manos sangraban agarrando algo que no quería soltar.

Soltar es el remedio más rápido para sanar, especialmente cuando no forma parte del diseño de Dios para nuestra vida.

Durante este tiempo de preparación, comencé a percibir en mi amigo algunas reacciones que manifestaban un espíritu altivo y mucha rebeldía arropada en su corazón. Al poco tiempo dejó de asistir a las reuniones de oración y vigilia, pero lo más difícil fue darme cuenta de que él no quería estar donde yo estaba.

Un día, caminando de regreso a mi casa, lo vi venir por la misma calle, pero al verme, se cruzó a la otra vía para no saludarme, ni siquiera cruzar su mirada con la mía. Esto despertó una alerta en mí. Algo no andaba bien. Luego, su hermana me contó que él había pecado al tener relaciones sexuales con una muchacha que no venía a la iglesia, y que ya no regresaría. Al escuchar esto, me desplomé. No podía creer que, luego de tanto tiempo de búsqueda y oración constante juntos, mi mejor amigo estuviera en una situación así. Fue como un cuchillo clavado directo a mi corazón.

Intenté de todas las formas posibles que se reconciliara con Dios y que regresara a la iglesia, pero él no quería, y mucho menos permanecer donde yo estaba. Luché por seguir aferrado a alguien que no cruzaría conmigo al siguiente nivel. Pero en mi corazón tenía el deseo de que regresara arrepentido al altar. Por causa de esto, la tristeza fue inevitable, y el proceso, doloroso. Sin embargo, aprendí que algunas pérdidas son necesarias para el crecimiento. No obstante seguí orando por él, decidí soltarlo, entendiendo que su permanencia en mi vida no solo no me ayudaría a avanzar, sino que también me alejaba del propósito que Dios tenía para mí.

> **"SOLTAR ES EL REMEDIO MÁS RÁPIDO PARA SANAR, ESPECIALMENTE CUANDO NO FORMA PARTE DEL DISEÑO DE DIOS PARA NUESTRA VIDA."**

En una ocasión tuve que viajar de Venezuela a la Isla Margarita, y tuvimos que subir a un avión muy pequeño, con capacidad tan solo para diez personas. Cargábamos con mucho equipaje que estaba excedido de las libras permitidas. Los trabajadores de la aerolínea nos dijeron que no podíamos subir con ese sobrepeso al avión, pero hicimos todo lo posible para llevarlo. Estábamos molestos porque habíamos hecho lo humanamente posible para irnos, pero no nos querían dejar pasar. Entonces nos dijeron que teníamos dos opciones: viajar ese día y dejar el equipaje o quedarnos todos y perder el vuelo. La única alternativa que nos quedó fue sacar ropa de nuestras maletas y llevarla con nosotros en bultos pequeños. A partir de esa experiencia aprendí que hay cargas que no pueden volar contigo. Necesitamos desprendernos de ellas para poder alcanzar altura y volar.

Hay destinos que solo fueron diseñados para ti, que por más maletas que quieras llevar, las alturas no permiten el exceso de peso, no caben en el avión de tu destino, y aunque duela y llores, no podrán estar donde tú estás. Dios siempre tendrá las personas correctas que te empujarán a romper el próximo techo, y serán los amigos que te conectarán con tu destino profético, tu próximo nivel.

LA DECISIÓN CORRECTA

Cuando tomé la decisión de soltar, mis lágrimas no paraban de caer. En medio de ese proceso, puse fecha de salida hacia República Dominicana. Seguía organizando el ministerio, buscando dejar a cargo a un líder que quedaría como responsable de esa tarea. Y en medio de todo, debía enfrentar la soledad de dejar a mi familia y a todas las amistades cosechadas durante una vida entera allí. ¡No era fácil!

Los jóvenes de la iglesia me organizaron una despedida. Fue un día muy triste para mí. Sentí que dejaba todo lo vivido en ese lugar, solo por obedecer a Dios. Por otro lado, estaba emocionado al pensar en las puertas que podían abrirse a través de la música, porque entendía que ese disco me llevaría a las naciones. El día de la despedida escuché muchas palabras lindas de parte de los jóvenes reconociendo mis años al servicio del Señor.

> **"HAY DESTINOS QUE SOLO FUERON DISEÑADOS PARA TI, QUE POR MÁS MALETAS QUE QUIERAS LLEVAR, LAS ALTURAS NO PERMITEN EL EXCESO DE PESO."**

La Biblia relata el momento en que Dios le pidió a Abram lo siguiente: «*Vete de tu tierra y de tu parentela, y de la casa de tu padre, a la tierra que te mostraré. Y haré de ti una nación grande, y te bendeciré, y engrandeceré tu nombre, y serás bendición*» (Génesis 12:1-2). Abram obedeció e hizo como le había ordenado.

Cada vez que Dios te pida que sacrifiques algo, es porque tiene mejores cosas para ti. Quizás no sepas el orden de cómo ocurrirán los sucesos que te llevarán a tu destino, pero verás señales que te conectarán a él.

Ese era uno de los momentos más difíciles y decisivos de mi vida. Era el día que marcaría un antes y un después en todo lo que venía por delante. Las decisiones que tomes hoy, buenas o malas, determinarán el éxito o el fracaso de tu mañana.

El martes 31 de mayo del 2011 me despedí de todos. Mi madre no quería mirarme por la tristeza que reflejaba su rostro. Debía dejarme volar, independizarme, crecer y consentir que su hijo madure. Yo tampoco quería mirarla porque la angustia me invadía. Cuando mi papá se despidió, solo me dijo: *«Hijo, que te vaya bien»*. Sabía que para él era muy difícil expresar el amor por toda su historia y experiencia vivida en su infancia. Seguramente él, al igual que yo, todavía necesitábamos ser sanos.

Mi hermano mayor y mi mamá me llevaron al aeropuerto. En el control de seguridad del aeropuerto me despedí dejándola con sus ojos bañados en lágrimas. Fijé mi mirada en mi madre hasta que la puerta se cerró. Entonces giré mi rostro hacia el frente y declaré que una nueva etapa comenzaba. Ahora mismo, mientras escribo estas líneas, tengo emociones encontradas y se me hace difícil contener las lágrimas.

> *«Y sabemos que a los que aman a Dios, todas las cosas les ayudan a bien, esto es, a los que conforme a su propósito son llamados»*
>
> ROMANOS 8:28

Antigua fue el lugar más importante de mi vida. Allí conocí a Dios, me formé espiritualmente y me reveló el propósito que tenía para mi vida. Por eso, doy gloria a Dios por la bella tierra de Antigua y su gente. En esa tierra aprendí que el nutriente más importante para el crecimiento de un niño es la leche materna, y para un hombre de ministerio, es la formación que recibes y los principios que se establecen en tu crecimiento.

> **"LAS DECISIONES QUE TOMES HOY, BUENAS O MALAS, DETERMINARÁN EL ÉXITO O EL FRACASO DE TU MAÑANA."**

Sin embargo, hay decisiones que, aunque duelan momentáneamente, son necesarias. Quizás no veas nada surgiendo en tu presente, pero simplemente debes saber que estás escribiendo tu futuro.

CAPÍTULO 8

Una obra en construcción

«Aunque tengas graves problemas, yo siempre estaré contigo; cruzarás ríos y no te ahogarás, caminarás en el fuego y no te quemarás.»

"Una obra en construcción no suele llamar la atención; de hecho, pocos se detienen a observar cuando algo comienza desde cero."

Llegué a República Dominicana sin saber dónde estaría, cómo me iría, si tendría éxito o no. Con lo único que contaba era con mi disco, que era el que me llevaría a las naciones. Lloré todo el vuelo pensando en mi familia. Para mí, el más pequeño de la familia, fue un reto que no todos tienen la valentía de realizar. Volver a mi tierra era regresar a un lugar totalmente desconocido, a un mundo muy diferente, comparándolo con mi querida Antigua.

Al llegar al aeropuerto, la primera persona que me recibió fue un amigo de mi papá que se llamaba Danny Tineo, que también era adorador. Al comienzo pensé que todo iba a funcionar perfecto con mi disco. Mi mente ya estaba viajando por el mundo. Y Dominicana sería la puerta del éxito inmediato. Pero en realidad no sabía que mi llegada sería el comienzo del proceso donde me quitarían la túnica de colores y me echarían en la cisterna de mi desierto para enfrentarme con mi propio yo.

La primera casa que visité fue la de una amiga de Danny. Una abogada que me recibió durante unos días, porque aún no tenía dónde vivir. Ellos me dieron los primeros auxilios y un techo donde poder descansar. Mi deseo era hacer una gira por toda la República, porque entendía que estaba preparado para hacerla. Sin embargo, cuando comenzaron a escuchar mis canciones, vi expresiones de disgusto en sus rostros, entonces empecé a sospechar que algo no anda bien. Hablé con Danny, que era la única persona que conocía todo lo que hacía, y le pregunté cómo se escuchaba mi música. Danny no quería responder porque me veía superemocionado con mi disco y para mí, todo estaba muy bien. Pero quienes sabían de música, al escucharlo, notaban que, en muchas partes, la música estaba fuera de tiempo, mi voz desafinada por el micrófono que habíamos usado y se oían de fondo vehículos haciendo sonar sus bocinas y hasta perros ladrando.

Cuando Danny me habló con sinceridad, me dijo: «*Te hicieron un desastre. Ese disco no sirve para que lo promociones aquí*». Cuando escuché esta frase, rompí en llanto. Promocionar mi disco fue uno de los motivos principales por los cuales había decidido salir de mi ciudad y saber que este no servía, me produjo una gran desilusión. Sentí que Dios había sido injusto al pedirme que salga de un país para ir a otro, y por eso le reclamé desde un momento de inmadurez diciéndole: «*Señor, en Antigua nunca había tenido que tomar autobuses ni taxis porque mis padres tenían carro para transportarme. No tenía necesidad de comer en casa ajena, porque había comida en mi casa. ¿Era necesario enviarme a República Dominicana para saber que mi disco no sirve?*». Y al igual que un niño caprichoso, le pedí que me llevara de regreso a Antigua. Sentía tristeza por el dinero que mi padre me había dado con tanto esfuerzo, y luego escuchar un «*NO SIRVE*» fue muy doloroso.

Ese día llamé a mi mamá llorando y le dije: «*Quiero volver a Antigua. Ya no quiero estar aquí*». Esperaba que ella me respondiera: «*Tranquilo hijo, te enviaré el boleto para que regreses*». Pero lo que me dijo fue: «*Hijo, bienvenido a tu desierto. Antigua ya no *es tu lugar. ¡Aguanta! ¡Aguanta! Todo va a estar bien»*. Esa noche lloré profundamente hasta quedarme dormido.

Abram solo tuvo éxito en la tierra a la que Dios lo envió. Cuando la marea se levantaba en medio del camino, era en respuesta de que estaba en la ruta correcta. Dios nunca te dará algo sencillo, sino que se tomará su tiempo para formar tu carácter. Esto hará que cuando ponga en tus manos lo que tiene preparado para ti, tú le darás el valor que amerita.

Dios no quiere darte lo que tú deseas, siempre optará por darte lo que tú necesitas. Y te aseguro que lo que tú necesitas es lo que te conectará con el diseño de Él para tu vida.

En todo este proceso el Señor me enseñó que no era a mi manera, sino a Su manera. Que no era por las vías que yo quería, sino por el camino que Él diseñó para mí, inclusive que no era mi disco, sino Su disco. También me instruyó que Él promueve a quien quiere y promociona lo que desea. Por más que yo anhelara que mi disco fuese aceptado por todos, Dios, que es el dueño de todo, hace sonar la música que Él quiere y permite que la música suene o no, cuando Él así lo decide.

EN OCASIONES, LA ESCASEZ SERÁ PARTE DEL TRAYECTO

Tenía que mudarme de donde me estaba quedando y no tenía dinero para pagar un espacio donde dormir. Durante toda mi adolescencia y parte de mi juventud estuve orando en el templo, en la Isla de Antigua. Ahora no tenía donde descansar ni una iglesia donde tuviera la confianza de poder ir a orar y a dormir hasta conseguir una habitación. Pero lo más difícil aún era que todavía no conocía el plano que me llevaría a mi destino profético.

Cada proyecto, antes de construirse, tiene un plano diseñado con un punto de partida y uno de finalización. En él se encuentran todas las líneas y cálculos que un ingeniero necesita para ser guiado en el proceso de dicha edificación.

Dios diseñó un plano para cada uno de nosotros, pero nunca nos lo dio terminado. Él nos va dando las coordenadas y nosotros, en obediencia, vamos caminando hasta descubrir nuestro propósito.

Así como expresa el salmo: *«El Señor dice: "Mis ojos están puestos en ti. Yo te daré instrucciones, te daré consejos, te enseñaré el camino que debes seguir»* (32:8 DHH).

Como no tenía dónde estar, Danny me llevó a una casa muy humilde de una señora mayor. Nunca la había visto, pero parte del plan era que viviera ahí por unos días. El primer día dormí en una cama muy pequeña. Al día siguiente, por la mañana, mientras me estaba despertando, llegaron los hijos mayores de la señora reclamándole por haber recibido a un joven que no conocía dentro de su casa. Mientras los escuchaba hablar, ellos decían: *«Ese joven no puede estar aquí. Que busque otro lugar donde estar»*. Así que no pude quedarme en su casa y tuve que salir con la cara tapada para que no me vieran llorando. Tomé todas mis pertenencias y, me fui de la casa. Caminé varias cuadras hasta sentarme en un parque, porque no sabía hacia dónde ir. Estaba sin dinero para comer ni para buscar un lugar donde dormir, sin mi familia y sin un amigo al que pudiera llamar y pedirle que me permitiera quedarme en su casa.

Luego de unas horas recibí una llamada de Danny, que fue a buscarme a donde estaba. Me llevó a su iglesia y ahí pude quedarme a dormir. En ese momento recordé mis tiempos a solas con Dios y la falta que me hacía estar en Su casa. Tenía tantos pensamientos en mi mente, y todos llegaban a mi memoria agolpándose en mi cabeza. Desde tener que dejar a mi familia, soltar a mi amigo, hasta tener que vivir de casa en casa, por no poder rentar una habitación. Estaba solo y pensaba que Dios se había olvidado de mí. Creía que me había llevado a Santo Domingo sin propósito, porque en ese momento no veía la salida. Pero Dios estaba trabajando dentro de mí y no me daba cuenta. Tenía tantas secuelas de amargura, raíces de dolor y de rechazo en mi corazón, que me llevó a tratar otros males, así como me sentía. A través de mis acciones los miraba con desprecio y hasta les hablaba con tono arrogante. Dios me estaba llevando a depender totalmente de Él. Me guio al desierto y me dejó allí solo hasta ser procesado y finalmente encontrarme aprobado. La acumulación de heridas me llevaba a sangrar sobre otros y a herir a los demás.

Muchas veces cuesta entender que quienes te rodean no tienen la culpa de tu pasado.

El plan de Dios es sanarte para que puedas sanar a otros. Dios nunca iba a permitir que llegara a las naciones si primero no sanaba esas heridas abiertas que me estaban matando por dentro. No dejaba de llorar al pensar en todo esto.

A la mañana siguiente desperté en la iglesia, ya Danny estaba allí para buscarme. Él se volvió una persona muy querida para mí. Me ayudó mucho en esos primeros meses en República Dominicana. Las personas que me veían comenzaron a llamarme *«el joven de las islas»*, porque veían que iba de casa en casa y siempre con una toalla blanca en la cabeza, porque siempre lloraba como consecuencia del estado en que me encontraba.

Luego de todo mi transitar, Danny me llevó a su casa, que era una habitación con un baño, y me dijo: *«Te quedarás aquí hasta que logres tener un lugar donde vivir»*. Permanecí allí por varios días.

Comenzó a llevarme a algunas iglesias para promocionarme como cantante y me presentó en varios eventos que él mismo producía, para que la gente me conociera. Así fue como Danny se convirtió en mi representante y participábamos de diferentes eventos. Los comentarios de la gente eran: *«Este joven tiene unción y hay algo grande de Dios en Él, pero aún tiene que trabajar en su carácter»*. Todavía me veía como un joven orgulloso. Y en verdad nadie sabía las heridas que provocaban esa reacción. Pero el proceso recién comenzaba, primero en mi vida y después en mi ministerio.

EL DESTINO SE ALCANZA CON PASOS DE OBEDIENCIA

Debes saber que, aunque haya heridas en tu corazón, Dios te conectará con las personas que te ayudarán a sanar. El proceso es sinónimo de avance, si bien todavía no logres verlo. Dios busca personas imperfectas para perfeccionarlas y usarlas para Su Gloria. Quizás hoy te califiquen como el peor. Pero, no te preocupes, hay un diamante en bruto que está siendo formado en lo secreto y que su nombre está a punto de ser cambiado de *«descalificado»* a *«calificado»*. Tú eres quien Dios dijo que eres.

Mientras estaba en casa de Danny, tomé la decisión de no quedarme de brazos cruzados. Busqué la manera de seguir con la visión de mi disco. Para ese tiempo se escuchaba mucho una canción de John Solano que se llama *Dios está obrando*. Desde Antigua era un seguidor de este gran hombre de Dios. Y tenía el deseo de conocerlo personalmente. Busqué su contacto por todos lados hasta finalmente conseguirlo. Lo llamé y estaba supernervioso porque hablaría con alguien muy importante para la música cristiana. Cuando respondió al teléfono, me saludó, y de los nervios se me enredó la lengua al punto de ni siquiera poder decirle: *«Dios te bendiga»*. Mi mente quedó en blanco. Esto pasó en fracción de segundos, hasta que pude entablar una conversación con él y decirle todo lo que me había pasado con el disco que había grabado en Antigua. Al escuchar mi relato, me ofreció trabajar el disco y me pidió todas las pistas originales para reparar los errores. Al oír este ofrecimiento, comencé a brincar de la alegría. Pero luego agregó que ese trabajo tenía un costo. Mi papá ya me había dado mucho dinero para grabarlo, y ahora tenía que buscar otra cantidad para arreglarlo. Y como era de imaginar, no contaba con esa cantidad. Fue una gran desilusión para mí porque quería terminar mi disco. Pero Dios me enseñó que cada etapa en tu proceso es importante y de cada una hay un testimonio diferente que le da color a tu destino profético. La falta de confianza, de aceptación y el desánimo por las frustraciones ante el abandono durante tu proceso son necesarias para tu formación ministerial.

Necesitaba arreglar los errores de mi disco, pero al mismo tiempo no había forma de obtener ese dinero. Tenía vergüenza de volver a pedirle a mi papá. Quería trabajar para poder ahorrar, pero en República Dominicana, para poder trabajar, hay que presentar la cédula de identificación, y yo aún no la tenía.

Mi fe se sostenía creyendo en lo que Dios me había hablado sobre las naciones y todo lo que me había mostrado a través de los sueños. Aunque nunca me dijo cómo llegaría ahí. Tendría que descubrirlo por medio de mi obediencia.

No me quedaba otra alternativa que hablar con mi mamá para que le pidiera a mi papá el dinero, porque yo no tenía la confianza de llamarlo. Por segunda vez mi mamá habló con mi padre y le contó la situación. Mi papá siempre fue muy generoso con sus hijos, y aunque no fue ese padre amoroso de dar abrazos, darnos dinero nunca fue un problema para él. De lo poco que ganaba, la comida nunca faltó. Siempre tuvo como prioridad ahorrar del esfuerzo de su trabajo, y retiró parte de ese dinero de su cuenta para que yo finalmente pudiera terminar mi disco.

Hay producciones musicales en las cuales se ha invertido mucho tiempo, dinero y esfuerzo, y aunque suene cruel, la gente no las aceptó. Y eso no ocurre porque las canciones sean buenas o no, sino porque el fracaso también es parte del plan hacia tu destino. La vida está llena de desafíos que debemos superar y seguir luchando hasta lograr los planes de Dios para nuestra vida.

EN EL PROCESO DE CONSTRUCCIÓN, DIOS TE SANARÁ

Comencé a participar de muchos eventos a los que Danny me llevaba. Algunos de ellos eran en iglesias y otros en espacios muy pobres de República Dominicana. Los líderes y pastores comenzaron a conocerme, y me invitaban a cantar y a predicar. Mi nombre artístico como solista era Carlos David Lewis, pero comenzaron a llamarme por mi apellido.

Aunque visité algunas iglesias, aún no tenía un sitio propio para congregarme. Un domingo por la mañana, una hermana me invitó al servicio de su iglesia, que pertenecía al mismo Concilio que la mía en Antigua, *Iglesia de Dios de la Profecía*. Cuando entré, si bien era pequeña, comencé a sentir algo que nunca había sentido. Esa era la iglesia que Dios había reservado para mí en República Dominicana. Era más que un sentimiento, más que una simple emoción, estaba en el sitio correcto, en el momento correcto y en la hora correcta.

Esto me recuerda a David, el hijo de Isaí, cuando lo enviaron a llevar alimento a sus hermanos que estaban en el frente de batalla. Lo hizo en el momento correcto, en el espacio correcto y en la hora correcta. Porque ciertamente Dios nunca te va a mostrar el camino hacia tu destino profético, si no sales de tu zona de confort, que termina siendo un arma letal para cualquier ministerio que está en proceso de crecimiento. Te acomodas en el sitio donde estás, porque crees que ya llegaste al lugar donde tenías que estar. Pero cuando eres persistente y resistente, nada ni nadie te podrá detener.

Me senté en la primera fila de asientos para participar del servicio y noté que todo el programa era muy diferente al que estaba acostumbrado. Fijé mi mirada en el ministerio de adoración que estaba en la plataforma, y en ese momento vi a un joven que con gran pasión y entrega adoraba a Dios con su guitarra. En ese momento, mi corazón se estremeció porque sentía que lo conocía de toda la vida. Fue extraño para mí tener ese impacto que golpeó mi pecho.

Cuando finalizó el servicio, me acerqué para preguntarle su nombre, porque me dio curiosidad saber quién era y cómo se llamaba. Esta era una escena muy curiosa para mí, porque mi espíritu me estaba comunicando algo, pero en el momento no sabía cómo interpretarlo.

En el ambiente se sentía como si nos estuviésemos esperando el uno al otro para comenzar un camino juntos. Ese día, en el lugar y la hora correcta, comenzó una nueva temporada y amistad, que nació en el corazón de Dios: Lewis y Rafael.

La iglesia me gustó mucho y decidí congregarme allí. La única dificultad que enfrentaba era que, desde la casa de Danny, que era el sitio donde vivía, me quedaba muy lejos. Ahí tomé la decisión de buscar una habitación más cerca de la iglesia para comenzar a independizarme y vivir solo.

Luego de buscar, encontré una habitación pequeñita que estaba a diez minutos de la iglesia. La habitación que había rentado estaba tan deteriorada que realmente no se encontraba apta para vivir, pero tampoco tenía la posibilidad económica de encontrar algo mejor.

Recuerdo que en el techo había grietas y los pedazos de concreto caían. En la misma habitación estaba todo: la cama, el baño y una pequeña estufa para cocinar. El piso estaba roto igual que el techo y había muchas filtraciones cuando llovía. Fue un tiempo difícil pero muy formador. No puedo negar que lloraba por las noches al verme rodeado de tanto deterioro y soledad.

Mis padres me enviaban dinero para ayudarme, ya que aún no podía trabajar porque todavía no me habían entregado mi cédula. Con el dinero que me enviaban me compré una sábana y una almohada que conseguí, y así dormía sobre el piso. Todos los días eran desafíos que dolían, pero que eran necesarios para mi crecimiento y mi formación interior, aunque en el momento no lo entendía.

Un día, Danny me llevó a una misión de ayuda para personas necesitadas. Este lugar estaba a cuatro horas de Santo Domingo, capital de la República Dominicana. Entregaríamos juguetes a los niños y les daríamos de comer a personas en necesidad. Siempre he amado bendecir a las personas, especialmente cuando se trataba de niños que no tienen para comer o no tienen familia que les dé un abrazo. Esa fue una experiencia maravillosa.

Ahí pude cantar y adorar a Dios con todos esos niños y ver sus hermosas sonrisas al ver sus juguetes. Ese día, Dios despertó algo en mi mente y mi corazón. Allí pude ver que quizás, en ese momento, cuando estaba con esos niños que no tenían la posibilidad de comer, y muchos de ellos sin papá, yo podía brindarles esa parte de felicidad que brotaba en sus rostros. Dios estaba trabajando con la vida de esos niños como lo estaba haciendo con mi niño interior que aún estaba en proceso de sanidad.

También pude ver que mi historia, aunque fue difícil, y aun padeciendo secuelas, tenía muchas cosas extraordinarias a las cuales nunca les había prestado atención. Siempre me había detenido en el dolor y nunca en las bendiciones. Pero nuestro Dios es experto usando escenarios como estos para despertarnos y recordarnos que no nacimos para repetir maldiciones generacionales, sino para sanar a otros. Que no debemos esperar recibir para dar, debemos dar, aunque no recibamos.

Por todo esto quiero que hoy tengas pendiente que una obra en construcción no suele llamar la atención; de hecho, pocos se detienen a observar cuando algo comienza desde cero. En ese estado inicial, no hay nada atractivo a la vista, y muchos dudan de lo que pueda surgir. Así pasa con nosotros: al inicio, nadie cree en lo que Dios está edificando. Sin embargo, llegará el momento en que todos verán la belleza del propósito terminado, y será evidente que lo que parecía insignificante era, en realidad, una obra maestra en proceso.

Por lo tanto, no temas a la escasez ni permitas que las circunstancias difíciles que se presentan en el trayecto te hagan olvidar que eres una obra en construcción en las manos del gran Creador, nuestro Dios.

CAPÍTULO 9

Venciendo la derrota con un corazón determinado

«Mira que te mando que te esfuerces y seas valiente; no temas ni desmayes, porque Jehová tu Dios estará contigo en dondequiera que vayas.»

JOSUÉ 1:9 RVR1960

"Uno de los detonantes para que Dios haga algo a tu favor es tener una mentalidad de grandeza con acciones de humildad."

Con Rafael nos volvimos amigos inseparables, siempre estábamos juntos. Él apenas tenía 13 años y yo, 22. A pesar de la gran diferencia de edad, comencé a caminar con él y a formarlo en el temor a Dios. Sin embargo, las conexiones divinas muy a menudo tienen también sus desafíos inesperados, pero a través de ellos, se revela el propósito de Dios con mayor claridad.

Recuerdo en una ocasión que, estando con Rafael, algunas personas influyentes de la iglesia lo llamaron a su celular y él lo puso en altavoz, mientras ellos le decían: «*Rafael, deja de juntarte con un desconocido. Nosotros somos los tuyos. Ese joven llegó después que nosotros*». También de forma directa llegaron a decirme: «*Aquí, usted es tan solo una visita*». Al escuchar comentarios como estos, sentía como golpes fuertes en medio del pecho que me sacaban el aire. Buscaba una iglesia donde me recibieran como a un hijo; y al oír esas palabras, sentía que no estaba en el lugar correcto. Nuevamente, mi corazón preguntaba: «*¿Por qué Dios me sacó de Antigua?*».

Ahora bien, debes saber que, si te rechazan, te encuentras en el camino correcto. Jesús vino a los suyos, y los suyos no lo recibieron, más bien lo rechazaron (Juan 1:11).

A veces queremos sentarnos en mesas de reyes, que te sirvan exquisitos platos, pero antes de recibir esa clase de tratos, primero Dios necesita quitar lo que hay dentro de ti que está bajo presión.

¿Por qué Mefi-boset, el nieto de Saúl permaneció tanto tiempo en Lodebar? Porque, aunque cargaba sangre real en sus venas, en su mente todavía tenía pensamientos de esclavitud. Uno de los detonantes para que Dios haga algo a tu favor es tener una mentalidad de grandeza con acciones de humildad. Debes aprender a verte como Dios te ve. Este muchacho se veía totalmente diferente a lo que realmente era.

> **"UNO DE LOS DETONANTES PARA QUE DIOS HAGA ALGO A TU FAVOR ES TENER UNA MENTALIDAD DE GRANDEZA CON ACCIONES DE HUMILDAD."**

Tal vez hoy te rechacen, pero debes saber que para que el oro brille, primero tiene que pasar por el fuego. Te rechazarán, conspirarán en tu contra, pero para llegar al palacio tendrás que aprender a verte como Dios te ve. No puedes tener sangre real y mente de perdedor. Debes comportarte como lo que eres. Acciona en dirección a lo que Dios dijo de ti. Mírate como un empresario, aunque estés vestido con harapos, Mírate como el adorador que representará a Dios, aun cuando tu escenario sea el baño de tu casa. Puede que te encuentres a un paso de ver lo que Dios dijo acerca de ti. No te rindas frente a esos escenarios de rechazo y presión.

De acuerdo a la forma en que reacciones y te manejes en tu presente, marcarás el rumbo de tu futuro. Estoy convencido de que Dios desea usarte de formas extraordinarias; por eso, es vital que permitas que Él te moldee, aunque ese proceso venga acompañado de rechazo y presión, porque es ahí donde se forja el carácter que debes tener para cumplir tu propósito.

EL FRUTO DEL MAÑANA DEPENDE DE LAS SEMILLAS QUE PLANTES HOY

Después de haber escuchado lo que las personas dijeron de mí, regresé con tristeza y hambre a la habitación que rentaba. Esa noche no tenía comida ni agua, tampoco tenía dinero. Como tenía tanta sed y no podía comprar una botella de agua, busqué por todas las esquinas de la habitación, y aun debajo de la cama, a ver si encontraba algo de dinero. Miré hasta en los bolsillos de mi ropa, para ver si hallaba una moneda, pero no encontré nada. Sin embargo, hallé algo de arroz a las 12:00 de la noche, y me puse a cocinar. Recostado sobre la puerta de salida, lloraba entre bocado y bocado. Sabía que debía depender de Dios totalmente. Si tenía que pasar hambre, eso haría, pero no quería tener a mis padres tristes o preocupados cada vez que pensaban en mí.

Ese proceso primero duró días, luego semanas y, finalmente, meses. En mi pequeña habitación tenía una silla, y al igual que antes, la ponía sobre la cama y la cubría con una sábana blanca, tal y como lo hacía en Antigua, y decía: «*Espíritu Santo, mi amigo, siéntate, quiero hablarte*». Mirando la silla, lloraba con gemidos, diciéndole: «*Papito, me siento solo, mi familia está lejos. Estoy aquí por obediencia a ti, pasando hambre, pero aun así me siento abandonado. Sé que eres mi papá, aunque nadie me acepte*».

Desde mis inicios en Antigua, siempre me visualizaba tal y como estoy viviendo hoy en día. Sabía que solo era cuestión de tiempo y ocasión para que cambiase la temporada. Algo que tenía muy en cuenta era no perder mi esencia en el trayecto, para que la Gloria permaneciera en mi caminar.

> «*Pero cuando tenga miedo, en ti pondré mi confianza. Alabo a Dios por lo que ha prometido. En Dios confío, ¿por qué habría de tener miedo? ¿Qué pueden hacerme unos simples mortales?*»
>
> SALMO 56:3-4 NTV

Siempre oraba en la mañana, y al terminar salía a la calle a buscar qué comer en casa de algunas amistades. Muchas veces ya habían almorzado, y tenía que ir a la casa de otros conocidos para ver si aún tenían comida para mí. Esas personas me veían ir tan seguido a sus casas, que siempre guardaban un plato por las dudas si yo pasaba por allí. Esa era la única manera que tenía de recibir alimento cada día.

Estaba viviendo tiempos tan difíciles y amargos, que anhelaba un abrazo y buscaba atención, pero no lo encontraba. Mi única compañía en ese duro momento era mi silla blanca encima de la cama donde el Espíritu Santo me acompañaba y se sentaba mientras yo lloraba. La silla era una representación simbólica. Soy consciente de que Dios no estaba en una silla, sino dentro de mí, y siempre lo estará. Pero en esos momentos de soledad física y de ausencia emocional, era un consuelo pensarlo sentado junto a mí.

Quizás sueles mirarte en un espejo y te ves feo, delgado, sin posibilidad de comprar ropa, fijándote en lo bien vestidos que están los demás, y tú con un pantalón que ya no resiste un solo lavado más. ¡Así estaba yo! Sin ropa, con los zapatos rotos y un espejo en el pequeño baño, que al mirarme parecía un hombre de 50 años. Asistía a los servicios de la iglesia con hambre y sin dinero. Aun así, nunca bajé mis brazos. Me sentaba en los primeros asientos con mis manos levantadas y mis ojos llenos de lágrimas, adorando al que me envió y dijo que estaría conmigo.

Aunque por dentro me moría, sabía que ese no era mi final. Nunca me senté en la última fila. Siempre busqué los primeros lugares, porque allí están los que persiguen una palabra dicha por Dios, aun cuando parecía todo lo contrario. Quizás te sientas impotente por la falta de recursos, pero eso también tiene fecha de expiración. Estás atravesando un proceso momentáneo que pronto pasará. Dios solo te está abriendo los ojos para alcanzar el próximo nivel y quitando lo que no subirá contigo al siguiente peldaño.

Todas esas necesidades me hicieron más dependiente de Dios, y esa fortaleza que mostraba me estaba convirtiendo en un ser más vulnerable y sencillo ante los demás. Aunque hoy no tengas el mejor par de zapatos, mañana tendrás lo suficiente para dar y bendecir a otros. La túnica de colores te será quitada solo por un tiempo, para que sientas frío y tengas que buscar otra capa que será la que usarás en el palacio real. Pero antes de encontrar esa túnica nueva, pasarás por la cárcel, serás engañado, rechazado y aún vendido, como le ocurrió a José. Debes entender que te quitaron tu túnica en la cisterna para devolvértela en el palacio.

Durante ese tiempo, en mi pequeña habitación, escribí una canción titulada En pie de guerra. Ese fue el último tema que agregué al disco que John Solano había finalmente arreglado. Cuando se la presenté a Rafael, él se encargó de hacer su primer arreglo musical. Al terminar de producirla, quería que hiciera una sesión de fotografías para el disco, pero tampoco tenía el dinero para comprarme la ropa.

Una tarde, tomé el autobús que viajó durante cuatro horas y media, desde Santo Domingo hacia Puerto Plata. Allí vivía una hermana de mi madre, la tía Juliana, a quien le pedí ayuda para la sesión de fotos y la ropa. En ese tiempo, ella me regaló 10 mil pesos dominicanos, que equivalían a 200 dólares. Regresé a Santo Domingo muy emocionado. La mañana siguiente fuimos con Rafa a comprar ropa. Todo este proceso de mi primer disco como Carlos David Lewis, ocurrió dos años después de haber llegado a República Dominicana.

Así comenzamos juntos a promocionar el primer disco en emisoras, canales de televisión y algunos eventos a nivel nacional. Nos trasladábamos con todos nuestros equipos: bajo, guitarra, amplificador y algunas piezas de la batería, y llegábamos a esos eventos con transporte público. No teníamos un vehículo para movilizarnos. En ocasiones el transporte nos dejaba a 20 minutos de distancia del lugar donde teníamos que tocar y debíamos llegar caminando.

Aunque el disco En pie de guerra ya estaba listo para las naciones, la burla y el rechazo apenas habían comenzado. Rafa y yo conformábamos la banda completa. Cuando nos invitaban era: Carlos David Lewis y su banda en vivo. Reprodujimos 500 CD´s y hasta el día de hoy todavía tengo unas 200 copias guardadas.

MI PRIMER CONCIERTO EN ANTIGUA

Luego de esos dos años de estar en República Dominicana, en el 2013 decidí regresar a la isla de Antigua para presentar allí mi primer concierto, En pie de guerra. Decidimos rentar un lugar para el evento con capacidad para ochocientas personas. Tenía tantos deseos de volver a la isla que mi corazón rebosaba de alegría.

Mi hermano Julio fue el encargado de producir el primer concierto allí. Invité a John Solano y a Danny Tineo, el amigo que me recibió cuando recién llegué a Dominicana, y también viajó con nosotros por primera vez, Rafael.

Teníamos tantas expectativas, que le dije a mi hermano Julio que deberíamos agregar sillas porque el lugar nos iba a quedar pequeño. Cuando vi a mis padres los abracé fuerte, pero no sabía cómo expresarles cuánto los amaba y cuánto los había extrañado. No me salían las palabras. No sabía cómo decírselos.

Luego fuimos a ensayar, ya que mis hermanos tocaban los instrumentos y Rafael dirigía la banda de Carlos David Lewis (Carlos fue el segundo nombre que me puso una tía, hermana de mi madre, pero nunca se utilizó en mis papeles legales).

El 13 de abril del 2013 fue mi primer concierto con grandes expectativas. Esperaba reunir a más de 800 personas en aquel auditorio. Estaba pautado comenzar el evento a las 7 de la tarde y esperamos el bullicio de la gente que venía a adorar. Y aunque todo estaba listo, cuando llegó la hora esperada, el lugar estaba vacío. Esa noche solamente llegaron 54 personas. En vez de escuchar el bullicio de los hermanos adorando, me pasé todo el concierto llorando en la tarima, cantando ante un pequeño grupo. Había un gran silencio en la sala. Solo se escuchaba la voz de Carlos DAVID LEWIS rendido en el altar. Dios continuaba probando mi corazón.

Aunque en ese momento quería que me tragara la tierra, esconderme donde nadie pudiera verme y no salir nunca más, al mismo tiempo me sentía agradecido. Esa noche era el momento de soltar todo y ponerle fin al llamado de Dios. Sin embargo, esa fue la mejor noche de muchas otras, porque, si bien habían llegado muy pocas personas, Dios me enseñó que solo se necesita un corazón agradecido. Esa era mi noche.

No fue fácil organizar mi primer concierto, ver el salón vacío y escuchar el silencio de un público esperando. Sumado a sentir la presión de mis invitados que habían viajado de otro país para ver mi primer concierto.

Pero sé que no fue un castigo de Dios, sino que me hizo un favor al formar mi carácter y dejarme saber que no era con mis fuerzas sino con las suyas. Que el crecimiento no está basado en un disco, sino en un carácter firme. Un álbum no sostiene un ministerio. Un carácter firme y moldeado por Dios, sí. Dime cuán trabajado está tu carácter y te diré cuán lejos llegarás. Lo que le da permanencia a tu altura es un carácter trabajado.

Vivimos en un mundo donde todo es exprés e instantáneo. El uso de microondas es muy común a causa del afán de la vida. Las personas no tienen el tiempo suficiente para estar en una cocina. Si hay una escalera que subir para llegar a tu destino, pero también está la opción de un ascensor, ¿cuál crees que elegirás? Probablemente, el ascensor para llegar más pronto y no cansarte. Muchos buscan el medio más rápido para subir de nivel, para no hacer filas ni tener que esperar, pero tener todo expreso no es para todas las categorías. En el reino de Dios hay solo una regla que Él establece: la única forma de alcanzar el éxito es subiendo la escalera, escalón por escalón, hasta llegar a la cima.

> **"LO QUE LE DA PERMANENCIA A TU ALTURA ES UN CARÁCTER TRABAJADO."**

Antes que David reinara sobre multitudes, primero lideró sobre las ovejas que estaban a su cuidado. Dios me enseñó que no siempre se comienza desde arriba, que no siempre me apoyarán en lo que hago. Lo único que me sostuvo durante ese tiempo fue creer en la palabra que Dios dijo de mí, porque lo que Él dice sobre ti te preservará en los tiempos. El apoyo que no recibes hoy puede que sea aquello que te empuje a tu siguiente nivel. Que haya habido pocas personas en tu primer concierto, no decreta que estás derrotado, que las cosas no salgan como esperas en el primer intento no significa que has fracasado. Todo esto te está desafiando a no rendirte.

Esa noche de concierto solo se vendieron cuatro CD´s, aunque la mesa estaba llena de copias esperando venderse.

Algunos días después del concierto, me despedí de mi familia con mucha tristeza al tener que dejarlos una vez más y regresar a Santo Domingo. Fue muy difícil hacerlo luego de haber tenido un concierto que humanamente había sido un fracaso, pero desde el punto de vista espiritual, de acuerdo con el plan de Dios para mi vida, fue una clase de formación necesaria para llevarme al próximo nivel.

AMIGOS CON PROPÓSITO

La amistad con Rafa fue creciendo y fortaleciéndose. Cuando las personas lo veían solo, le preguntaban por mí, y viceversa. Sus padres comenzaron a notar cambios espirituales en él. También descubrieron que de una amistad había nacido una unión ministerial con propósito. Visitaba constantemente su casa y nos juntábamos a orar, a estudiar la Biblia y a enseñarle principios bíblicos que había aprendido en Antigua. Todos los días Rafael me daba un reporte del libro de Proverbios y, al finalizar, estudiábamos los evangelios.

Rafael Tejada siempre ha sido un joven con un corazón lleno de amor y un espíritu optimista. Todo lo que sale de él es amor para dar. Siempre fue muy servicial. Aquel que lo conoce sabe que es así. Es carismático y siempre tiene una sonrisa en su rostro pero, sobre todo, ama a Dios con toda su alma.

Uno de mis propósitos era formarlo hasta pulir el diamante que había en él. Más que un músico que tocaba la guitarra, su gran pasión, mi intención era que tuviese el conocimiento de que lo hacía para Dios. Ya que no es lo mismo tocar un instrumento para Dios, que hacerlo entendiendo el significado de lo que representa.

> ## "LA ÚNICA FORMA DE ALCANZAR EL ÉXITO ES SUBIENDO LA ESCALERA, ESCALÓN POR ESCALÓN, HASTA LLEGAR A LA CIMA."

> *«Mas la hora viene, y ahora es, cuando los verdaderos adoradores adorarán al Padre en espíritu y en verdad; porque también el Padre tales adoradores busca que le adoren. Dios es Espíritu; y los que le adoran, en espíritu y en verdad es necesario que adoren»*
>
> JUAN 4:23-24

Jesús le dijo a la samaritana que Él estaba buscando adoradores que le adoren en espíritu y en verdad. Dios es espíritu y es necesario que le adoremos en espíritu, y cuando dice *«en verdad»*, se refiere a la verdad del conocimiento de la Palabra. Saber a quién estamos adorando y hacerlo con un corazón sincero.

Siempre me sentí muy cómodo con la familia de Rafael. Cada vez que me veían, me abrazaban y me decían: *«Hijo, te amamos»*. Algo que no estaba acostumbrado a escuchar en mi casa, y por eso se me dificultaba responderles de la misma forma.

Pero, aunque todas estas situaciones fueron procesos que duraron muchos años, al transcurrir del tiempo finalmente pude abrir mis labios y decir: «*Te amo*».

DIOS ABRE PUERTAS Y SOSTIENE PROMESAS

Poco a poco comenzamos a participar de los campamentos nacionales de jóvenes del Concilio donde asistíamos, que generalmente se celebraban en Semana Santa. Rafael era el guitarrista de la banda nacional y tocaba con el ministerio de la iglesia donde nos congregábamos. Siempre me insistía que pidiera una oportunidad para cantar en los campamentos nacionales, pero mi respuesta era: «*Cuando llegue mi turno, me llamarán*». Nunca me lancé a pedir oportunidades. Siempre buscaba la manera de prepararme espiritualmente para que cuando surgiera, tuviera una palabra fresca para entregarle al pueblo.

Mi paso por Santo Domingo me enseñó a depender totalmente de Dios y a entender que solo Él promueve y respalda. Y que, para alcanzar los logros, hay que movilizarse y ser diligente. Pero hay un momento donde se debe estar tranquilo y esperar que te manden a buscar. David no se ofreció ante Saúl, sino que este lo mandó llamar. Es necesario saber que quien carga con la unción no se ofrece, sino más bien, envían a buscarlo.

Generalmente, nadie compra un perfume si primero no lo huele. Cuando tienes el perfume de la gracia sobre ti, no te ofreces, te buscarán por el aroma que emanas. No te ofrezcas.

Primero, prepárate, porque lo que salga de ti es lo que la gente buscará. *«Ciertamente el bien y la misericordia me seguirán todos los días de mi vida, y en la casa de Jehová moraré por largos días»* (Salmo 23:6).

Una noche de servicio en la iglesia, me dieron la oportunidad de cantar, y alguien gritó: *«No sabe cantar»*. Todos comenzaron a reírse, me señalaban y se burlaban de mí y de la ropa que llevaba puesta. Aun los músicos se reían en pleno servicio y comentaban: *«Él no puede estar en el ministerio de adoración porque no sabe cantar»*. Una vez más sentí el frío del rechazo tocando nuevamente a mi puerta.

Después de esa noche sentí mucho miedo de volver a cantar. Realmente creía que no lo hacía bien, que a nadie le gustaba mi voz y que cualquier palabra que diría sería un desastre. Así nació en mí un gran temor de hablar en público y que volvieran a decirme: *«No lo haces bien»*. Temor a que continuaran rechazándome. Temía cantar en público y que me temblaran las manos, o que la voz no saliera de mi garganta. No quería ni abrir los ojos para ver a las personas. Lo sucedido anuló en mí el derecho a expresar lo que en verdad soy: un adorador.

Durante aproximadamente seis meses participé de los servicios sin volver a cantar. Aun así, nunca me senté en las últimas filas, siempre en las primeras. Aunque no era parte del ministerio de adoración, ni tenía el mejor trato de parte de ellos, no le di el gusto al enemigo de verme derrotado. Mi carne sentía los golpes, pero sabía que Dios continuaba trabajando en mí. Como persona, ya no quería estar en un lugar donde me sentía rechazado, y si bien quería cambiarme a otra iglesia, Dios no había terminado conmigo allí.

A causa de todo esto quiero decirte hoy:

- Cuida con amor las conexiones que Dios te ha dado, porque a través de ellas Su gracia y favor se manifiestan.
- Los momentos difíciles no son un final, sino una oportunidad para ver la mano de Dios obrando.
- No permitas que las actitudes de otros te desvíen de las bondades que Dios ha preparado; confía plenamente en Su fidelidad.

CAPÍTULO 10

El cumplimiento de una palabra

"El que mejor canta no siempre es el que mejor adora. El cantante favorito de Dios es el que tiene un corazón de adorador."

Un domingo de 2014, antes de salir para el servicio dominical, el Espíritu Santo me habló y me dijo: «*Prepara un versículo bíblico, pues hoy, después de muchos meses, te darán una oportunidad para cantar*». Cuestioné a Dios y le dije: «*¿Cómo me van a dar una oportunidad si no me lo permiten? Además, tengo mucho miedo, a ellos no les gusta mi manera de cantar*».

Ese día había amanecido en la casa de Rafael, y durante la mañana les comenté lo que Dios me había dicho. De inmediato Rafael me dijo: «*Haz lo que te dijo*». No bastando con eso, Dios me habló y nuevamente me llevó a leer la historia de David, cuando Samuel fue a la casa de Isaí a ungirlo, pero su padre nunca lo había tenido en cuenta hasta que Samuel preguntó si había algún otro hijo que no le hubiera presentado.

> «*Entonces dijo Samuel a Isaí: ¿Son estos todos tus hijos? Y él respondió: Queda aún el menor, que apacienta las ovejas. Y dijo Samuel a Isaí: Envía por él, porque no nos sentaremos a la mesa hasta que él venga aquí*»
>
> 1 SAMUEL 16:11

Esa mañana me preparé tal y como Dios me había dicho, pero un gran temor latía en mi corazón. No podía creer que me darían una oportunidad para adorar a Dios ante la congregación.

Llegué a la iglesia con el corazón palpitando aceleradamente y, como de costumbre, me senté en la primera fila. Cuando el equipo de alabanza comenzó a entonar la primera canción, de lo profundo de mi ser surgió un llanto con gemido delante de la Presencia del Señor, y muy dentro de mí oraba diciendo: *«El mismo Dios que se me reveló por sueños en la Isla de Antigua, es el que me envió a República Dominicana con una palabra. Hoy estoy aquí para ser usado por Él»*. Con los ojos cerrados y cargados de lágrimas, el pastor tomó mis manos y me dijo: *«Quiero que adores»*, y me entregó el micrófono. Inmediatamente, entoné una canción de Marcos Witt que dice: *«Poderoso Dios, mi alma clama por ti»*. Mientras adoraba repetí todo lo que el Señor me había dicho. El poder descendió de tal manera que la gente caía al suelo sola, sin que nadie la tocara. Los endemoniados comenzaron a ser libres sin reprenderlos. Con tan solo adorar y hablar lo que Dios me había dicho, bastaba.

En ese momento miré a todos los músicos, fui a abrazarlos y a orar por ellos, uno por uno, hasta que terminé de ministrar. Tan fuerte fue lo que ocurrió ese día, que no hubo predicación. El pastor dijo en público: *«No puedo predicar en esta congregación sin que primero tú adores»*. Pero mis días en ese lugar estaban por terminarse.

NO CORRAS DEL LUGAR DONDE DIOS TE ESTÁ FORMANDO

¿Estás dispuesto a soportar tu proceso hasta el final, o quieres irte para encontrar una mejoría en otro sitio? Mi consejo es: Nunca te muevas de un lugar si todavía Dios no ha terminado de trabajar contigo ahí. Por más oprimido o rechazado que te sientas, no abandones, porque nunca podrás reclamar las posiciones que abandonaste por causa de la presión que no quisiste aguantar.

Resiste y permite que el alfarero te forme aún en esos lugares difíciles de los que quieres alejarte. Recuerda que es ahí donde tomamos la forma que Él desea darnos.

Probablemente, te descalificarán y te pondrán nombres que Dios no te puso, pero en todo este proceso aprendí que un cantante no tiene que ser el mejor para que Dios lo promocione, porque Él solo respalda adoradores que lo buscan en espíritu y en verdad. El que mejor canta no siempre es el que mejor adora. El cantante favorito de Dios es el que tiene un corazón de adorador.

Quizás no tienes la mejor voz o el mejor talento, pero por causa de esto todos los días tienes que practicar y aprender para mejorar, superarte y hacer como dice el Salmo 33:3: *«Cantadle cántico nuevo; hacedlo bien, tañendo con júbilo»*.

Quiero que guardes estos principios en tu corazón:

- A cada persona Dios le da una gracia diferente.
- Nunca te compares con nadie, porque lo que Dios tiene para ti, no es para otro.
- Cuando cargas con una palabra, no importa quién está primero o quién comenzó antes, lo relevante es el tiempo de Dios.

- Quizás tu vida actual no se parezca a la que Dios te prometió. Pero te daré un consejo que vimos en José: Aunque tengas ropa de esclavo, mañana tendrás vestimenta de la realeza.

  Por lo tanto, no corras antes de tiempo. Permite que tu proceso madure y evalúa qué necesitas mejorar y así estar listo para recibir lo que Dios quiere enseñarte. De esa forma serás una mejor persona y un mejor cristiano, porque lo que Dios permite es para que madures y fortalezcas tu carácter. Los únicos que conquistan la tierra prometida, son aquellos que fueron formados en su faceta de crecimiento.

Aguanta hasta el final, aunque te duela. El Dios que te llamó por encima del rechazo, te sacará, te exhibirá y te sentará en mesa de reyes, y tus enemigos sabrán que Dios está contigo. No procures dar cuando aún te encuentras en proceso de formación.

Muchas veces estamos detrás de los escenarios buscando posiciones que aún no hemos ganado, y queremos subir por nuestra propia cuenta, sin todavía haber completado el proceso. Dios tiene una temporada para todos, pero antes de llegar a la cima, hay que enfrentar y confrontar nuestros miedos, aun cuando nos duela. Llorarás por días, por meses o quizás por años, pero llegará el momento en que te secarás las lágrimas y jamás volverás a llorar por lo mismo. Tú no eres de los que retroceden. Tú eres el Josué que está listo para conquistar la tierra que Dios le prometió.

> «*Y aunque tu principio haya sido pequeño, tu postrer estado será muy grande*»
>
> JOB 8:7

"EL QUE MEJOR CANTA NO SIEMPRE ES EL QUE MEJOR ADORA. EL CANTANTE FAVORITO DE DIOS ES EL QUE TIENE UN CORAZÓN DE ADORADOR."

EN MEDIO DEL TRAYECTO, DA LOS PASOS CORRECTOS

Cada año se realizaban campamentos donde más de tres mil jóvenes se reunían para adorar a Dios. En el año 2015 iban a realizar un musical y los líderes necesitaban un dúo para cantar. Un día, junto con Rafa, decidimos cantar una canción de uno de los dúos más trascendentales en su tiempo: «*Dios se mueve*», de JuanPa y Lenny. No lo habíamos ensayado ni tampoco planeado, solo comenzamos a cantarlo. En ese preciso momento, la líder que organizaba el musical estaba cruzando y cuando nos escuchó, se detuvo, nos miró y dijo: «*Cántenlo una vez más, quiero oírlos*». No esperó a que termináramos, y de inmediato dijo: «*Cantarán en el musical que se celebrará en el Campamento 2015*». Aunque pusimos esa presentación en manos de Dios, el solo hecho de presentarnos delante de miles de personas, no era lo mismo.

El día del campamento nacional llegó. Todos los autobuses arribaban de diferentes pueblos. Veía mucha emoción en el rostro de los jóvenes, pero yo me moría de miedo. Rafael era más conocido que yo a nivel nacional, ya que era el guitarrista oficial de los campamentos. A mí, solo me conocían unas pocas personas.

Se dio apertura al campamento y en ese momento recordé los sueños que tuve a los 14 años, cuando Dios me mostraba los grandes escenarios, las luces y las multitudes, donde me profetizaban que Dios me llevaría lejos. En medio de mi proceso, Dios me hizo saber que estaba yendo por el camino correcto. Al ver esos tres mil jóvenes adorando, aunque por dentro sentía temor, por fuera estaba vislumbrando lo que Dios me había mostrado en sueños.

> "LOS ÚNICOS QUE CONQUISTAN LA TIERRA PROMETIDA, SON AQUELLOS QUE FUERON FORMADOS EN SU FACETA DE CRECIMIENTO."

El musical inició y todos los participantes pasaban cantando la parte que les correspondía, hasta que llegó nuestro turno. Nos sentamos cada uno en una silla y comenzamos a cantar. La gente no dejó de aplaudir y de gritar. La emoción era tan grande que no parábamos de reírnos, pero al mismo tiempo estábamos muy nerviosos. Cuando bajamos del escenario, algunos se acercaron y nos decían: «*En ustedes hay una gracia especial. Hacen un gran equipo*».

¡Estaba tan contento! Nunca había vivido algo así. Rafa no podía creer lo que había ocurrido. Aun cuando ambos estábamos conscientes de que Dios nos estaba hablando. Solo era cuestión de tiempo descifrar lo que Él quería para nuestras vidas.

Dos meses después del campamento sucedió lo inesperado. El papá de Rafael fue elegido como pastor de una iglesia dentro del concilio. Yo aún vivía solo en aquella pequeña habitación. Días después del nombramiento, los padres de Rafael pidieron hablar conmigo. En medio de esa reunión me dijeron: «*David, esta es tu casa, tu hogar. Vivirás aquí con nosotros hasta que Dios quiera. Seremos como tus padres aquí, en República Dominicana*». Desde ese día, mis nuevos pastores serían los padres que Dios me había regalado en República Dominicana. Junto a ellos comenzamos a pastorear como familia en la Iglesia de Dios de la Profecía, en Villa Juana, Santo Domingo.

Mi nuevo hogar, la casa de la familia de Rafael, era distinto a lo que había visto en mi casa de Antigua. Al comienzo permanecía encerrado en una habitación ya que sentía temor a ser nuevamente rechazado. Realmente para mí, todo era muy nuevo, desde lo espiritual, lo familiar, hasta lo emocional. Contrariamente a lo que siempre viví, encontré en ellos expresiones de amor que me hacían llorar sin parar. Se trataban como una familia llena de amor, respeto y cariño. En mi nueva casa no me sentí rechazado, sino que recibía afecto todos los días. Aunque ellos veían acciones negativas en mí, me abrazaban y me demostraban que me amaban con palabras y con acciones.

Durante ese tiempo, ellos me demostraron que por encima de mi carácter y de mis fuertes acciones, el amor que me brindaban sanaba día a día mi vida. La cura para un corazón herido es un amor sincero y real.

UN NUEVO SUEÑO, UNA NUEVA PALABRA: GRUPO GRACE

En noviembre del 2015 repitieron el musical en un festival del Concilio que se realizó en el Palacio de los Deportes, donde asistieron más de siete mil personas, y una vez más nos llamaron para formar parte.

Para ese evento, Rafael y yo nos preparamos espiritualmente y también seleccionamos especialmente una canción: *«Mi corazón entona la canción: ¡Cuán grande es Él!»*. Estábamos muy nerviosos porque cantaríamos ante una gran audiencia y el lugar también era mucho más grande. La tensión pegaba fuerte en nuestro pecho. Mientras oraba, le decía a Dios: *«Padre, cierra un poco los ojos de tus hijos, los que hoy están aquí. Hay mucha gente mirándonos, y terminarán sacándonos en ambulancia»*. Realmente estábamos muy nerviosos.

Dieron inicio al musical, estábamos esperando a que nos llamaran, y cuando comenzamos a cantar, la gente nos recibió con aplausos y gritos. Fue maravilloso sentir el respaldo sobrenatural de Dios. Escuchar a las personas aprobar lo que hacíamos era como escuchar la voz de Dios queriéndonos decir algo. Desde que bajamos del escenario, alguien nos dijo la misma palabra que en aquel campamento: *«Hay una gracia especial en ustedes cada vez que cantan»*. Esas palabras activaron mis sentidos espirituales y comencé a orar, pero también a analizar la reacción de la gente al momento que comenzábamos a adorar.

Mientras oraba, durante un sueño profundo, Dios me mostró que estábamos caminando con Rafa en un desierto árido, muy seco. Cada vez que pisábamos el lugar, todo florecía y reverdecía. Y el uno al otro nos decíamos: *«Nuestro destino es el cielo»*.

Desperté muy conmovido. Analicé el sueño una y otra vez, de arriba hacia abajo, y me quedé pensando en que estábamos caminando juntos. Entonces, el Espíritu de Dios habló a mi vida y me dijo: *«Los quiero juntos, porque unidos van a conquistar la tierra»*. Rápidamente, corrí a contarle a Rafa todo lo que Dios me había mostrado. Aunque quizás él no entendía en su totalidad lo que le estaba compartiendo, ya que aún era un adolescente, sentía claramente el llamado de Dios.

Todo iba demasiado rápido y notamos que ya no seríamos Carlos David Lewis y su banda, sino más bien, un grupo. Pero no sabíamos qué nombre ponerle. Comenzamos a mencionar algunas posibilidades como: Grupo El cielo se abrió, Grupo Adoradores guerreros, Grupo Caminando por un destino. Imaginábamos cómo nos presentarían en los eventos, y al utilizar esos nombres, nos mirábamos riéndonos a carcajadas, y quedaban inmediatamente descalificados. Hicimos lo mismo con otros nombres hasta que comenzamos a analizar cómo la gente nos veía. Y lo primero que llegó a nuestra mente fue la palabra *«Gracia»*. Pero no nos terminaba de convencer de que en los eventos nos presentaran como el Grupo GRACIA.

Días después, mientras estábamos conversando con Rafa en inglés, regresó a nuestra mente la palabra gracia, pero esta vez como *«grace»*. Así fue como elegimos llamarnos GRUPO GRACE. Comenzamos a brincar de la alegría porque sentimos que también el cielo había aprobado ese nombre.

CAMBIO DE ESTACIÓN

Así comenzamos únicamente con el combustible de la fe y creyendo en la palabra que Dios nos había dado. No todos creyeron en nosotros, más bien, nos descalificaron, pensaron que era algo pasajero, sin saber qué ocurriría en el futuro. En oportunidades, el llamado de Dios a tu vida no siempre es bien recibido a la vista de los demás, pero ten por seguro que, si Dios te llamó, Él te sostendrá.

Olvidé completamente el nombre de Carlos DAVID LEWIS y su banda, y me enfoqué en Grupo Grace. A través de amigos que nos recomendaban, recibíamos invitaciones de diferentes iglesias y eventos, y poco a poco nos dábamos a conocer.

Además de ser el líder del Grupo Grace, comencé a servir como líder de adoración y de jóvenes en la iglesia donde nombraron pastores a los padres de Rafa, mis nuevos padres espirituales. También, a nivel regional del Concilio donde pertenecía, me nombraron Líder de adoración sobre unas setenta iglesias a mi cargo, para formar y dirigir la adoración en los eventos que se realizaban a nivel regional. Nunca imaginé todo lo que estaba viviendo. Solo trataba de ser eficiente y servir a los demás con amor.

> "TU LUGAR ACTUAL NO ES TU DESTINO FINAL, PERO PROCURA QUE ALLÍ DONDE DIOS TE PERMITA ESTAR, TUS MANOS SEAN UN BÁLSAMO QUE BENDIGA A OTROS."

Confía firmemente en que tu lugar actual no es tu destino final, pero procura que allí donde Dios te permita estar, tus manos sean un bálsamo que bendiga a otros. Aun sin importar lo que ha sucedido durante tu trayecto, Dios se encargará de sanarte y prepararte para ayudar a los demás a levantarse.

No te preocupes por tu condición actual. Cada parte del trayecto es necesaria para formarte, capacitarte y así estar listo para las nuevas temporadas de Dios para tu vida. El cumplimiento de cada palabra llegará. Cada promesa que el Señor te había entregado, y por causa del proceso pensaste que no llegarían, Dios las cumplirá. Si permaneces conectado a Sus planes, verás todo lo que durante mucho tiempo has esperado.

CAPÍTULO II

Liderando desde las cicatrices del rechazo

"Hay heridas del pasado que necesitamos soltar, porque mientras las cargamos, seguimos atados a lo que nos lastimó."

«Eliab, el hermano mayor de David, lo oyó hablar con los hombres y se puso furioso con él. Entonces reclamó:

—¿Qué has venido a hacer aquí? ¿Con quién has dejado esas pocas ovejas en el desierto? Yo te conozco. Eres un atrevido y mal intencionado. ¡Seguro que has venido para ver la batalla!

—¿Y ahora qué hice? —protestó David—. ¡Si apenas he abierto la boca!

Apartándose de su hermano, preguntó a otros, quienes dijeron lo mismo. Algunos que oyeron lo que había dicho David se lo contaron a Saúl y este mandó a llamarlo. Entonces David dijo a Saúl:

—¡Nadie tiene por qué desanimarse a causa de este filisteo! Yo mismo iré a pelear contra él.» — 1 Samuel 17:28-32 NVI

El año 2016 llegó cargado de cambios inesperados. El 30 de enero de 2016, durante el evento regional *«Sellando el mes del Espíritu Santo»*, dirigimos la adoración como Grupo Grace, si bien apenas estábamos comenzando. Éramos jóvenes siguiendo una palabra y creyendo en fe que algún día alcanzaríamos los sueños de Dios. Mientras cantábamos, en las primeras filas estaba sentada la líder nacional del campamento, aunque no sabíamos que nos estaba observando.

Semanas después, Rafael y yo dedicamos un tiempo especial de oración, pidiéndole a Dios que nos enviara a alguien con más experiencia para ayudarnos a crecer. Rafael, con responsabilidad admirable, practicaba su voz todos los días. Estábamos enfocados porque entendíamos que los planes de Dios se cumplirían.

Un día, Rafael subió a Facebook un video cantando, y poco después recibió un mensaje inesperado. Era de Amós Ferreras, un líder de la Iglesia Tabernáculo de Adoración. Amós le propuso grabar un disco. Estábamos emocionados y ansiosos por esa reunión que marcaría un antes y un después en nuestras vidas.

Cuando llegó el día, subimos al cuarto piso del lugar acordado. Rafael entró primero, seguido por mí y nuestro baterista. Noté un leve cambio en el rostro de Amós, y pronto entendí por qué. En la conversación, él solo se refería a Rafael como solista, ignorando al grupo. Esto reavivó mis sentimientos de rechazo que ya antes había experimentado.

Durante la reunión, recibí una llamada inesperada de la líder nacional del campamento. Cuando respondí, mi corazón se aceleró. Me explicó que quería hablar conmigo sobre el evento. Aunque no sabía cómo me conocía, pronto entendí que cuando Dios quiere exhibirte, Él sabe cómo hacerlo. No importa dónde estés ni quién te vea; Dios puede sacarte del anonimato y sentarte en la mesa de los reyes.

Me comentó que en el concilio al que pertenecía decidieron remover al equipo de adoración y que en ese tiempo se acercaba la fecha de su Campamento Nacional, y aún no se sabía quién ocuparía ese lugar. Estaba preocupada. Había trabajado durante años con el equipo anterior y los consideraba preparados y alineados con la visión del liderazgo. Ahora, además de buscar un nuevo grupo, debía asegurarse de que compartieran los mismos valores y estuvieran a la altura del desafío. Faltaban menos de tres meses para el evento, y aún no había un líder seleccionado. Coordinamos una reunión para ver todo de forma más detallada.

Al salir de ese encuentro con Amós, nuevamente el sentimiento de rechazo golpeaba mi pecho. El mensaje había sido solo para Rafael, a quien habían visto cantar en las redes sociales.

De pronto comprendí que el rechazo no tiene poder sobre nuestras vidas a menos que se lo permitamos. Hay heridas del pasado que necesitamos soltar, porque mientras las cargamos, seguimos atados a lo que nos lastimó. Como seres humanos, estamos llamados a levantarnos, a sanar y a reencontrarnos con nuestra verdadera identidad. Es tiempo de sacudirnos el peso del rechazo, romper con las cadenas del dolor y caminar hacia la libertad que nos define.

Debes saber que, a lo largo de la vida, muchas veces te van a rechazar. Entonces es necesario evaluar qué es lo que Dios quiere quitar de nosotros. Él no puede darte todo sin ver en ti el esfuerzo de querer superarte y cada gesto de rechazo hacia ti debe convertirse en una motivación para crecer. Ciertamente hay niveles en los que tendrás que desaprender para volver a aprender, ya que lo que conociste hace diez años, no es lo mismo que se aplica a tu presente.

En esos días terminamos la maqueta de una canción titulada «*Ven llénanos*», el primer paso hacia lo que vendría después. Sin embargo, el sentimiento de rechazo seguía golpeando mi corazón.

"HAY HERIDAS DEL PASADO QUE NECESITAMOS SOLTAR, PORQUE MIENTRAS LAS CARGAMOS, SEGUIMOS ATADOS A LO QUE NOS LASTIMÓ."

Esa misma semana tuve la reunión con la líder del campamento. Lo primero que me preguntó fue:

—¿Estás listo para asumir el reto?

—¡Sí! —respondí sin dudar.

Me explicó que querían que yo fuera el nuevo líder de adoración a nivel nacional en los campamentos. Además, me dio la autoridad para formar mi propio equipo. No podía creerlo. Me pregunté por qué me había elegido a mí, siendo que yo tenía menos experiencia que otros. Su respuesta fue sencilla: *«Alguien me habló de ti, y Dios también. Además, te escuché en "Sellando el mes del Espíritu Santo"»*.

Además, agregó: *«Tienes en tus manos la autoridad para quitar y agregar a las personas con las que quieras trabajar»*. ¡Imagínate! No podía creerlo. Me preguntaba por qué razón ella me había elegido habiendo tantas personas con más antigüedad y preparación que yo en esa tarea. Además, a mí nadie me conocía como para tener un cargo como ese.

De rodillas le pregunté a Dios por qué a mí, ya que aún tenía heridas por curar y cosas por cambiar. Entonces el Señor me hizo entender que nadie nace preparado, todos somos una construcción en proceso, moldeada por Dios.

A veces, las personas a tu alrededor tienen la capacidad de ver en ti talentos y cualidades que tú mismo no logras identificar. Es como si fueran espejos que reflejan una versión de ti más clara y completa, esa que está oculta detrás de tus dudas, miedos o inseguridades. Ellos ven el valor que tienes, incluso cuando tú solo ves tus fallos. En esos momentos, sus palabras o gestos pueden convertirse en un impulso para que descubras lo que siempre estuvo ahí: un ser lleno de posibilidades y llamado a grandes cosas.

DIOS TE ELIGIÓ, RESPONDE BIEN A SU ELECCIÓN

A lo largo de tu vida, Dios te rodeará de personas que te ayudarán a sanar. Cada nivel trae nuevos desafíos, y para avanzar, debes renunciar a lo que te ata al pasado. Dios no llama a los calificados; Él califica a los llamados.

Cuando llegué a República Dominicana, no era un producto terminado. Era un joven con heridas, tímido y sin mucha vida social. Pero Dios no ve como los hombres ven. Él juzga el corazón y te prepara para el propósito que tiene para ti. Él conoce tu futuro y tu destino.

> **"NADIE NACE PREPARADO, TODOS SOMOS UNA CONSTRUCCIÓN EN PROCESO, MOLDEADA POR DIOS."**

Cada nivel que subas será un desafío mayor. Tendrás que dejar cosas atrás para poder acceder al siguiente nivel. Nunca podrás avanzar si te acostumbras a tus heridas; tendrás que renunciar a ellas para seguir escalando hacia tu destino profético.

Recuerda que, así como Dios te eligió, necesitas comprometerte con Su elección. Y por eso quiero dejarte estos principios que necesitas recordar en tu trayecto.

- Dios buscará un corazón que reconozca su condición y que desee construir una nueva historia.

- Nunca subestimes a alguien por su apariencia, porque no sabes si más adelante esa persona que hoy rechazas te dará de comer en algún momento de la vida.

- No te precipites a tomar el micrófono si aún no estás preparado. Deja que te lo entreguen.

- Espera el tiempo necesario para que, cuando te toque sostenerlo entre tus manos, puedas hablar desde la formación y la sanidad.

- Nunca tomes revancha contra aquellos que te han hecho la guerra en tu proceso.

- Aprende a guardar silencio.

- El golpe más grande que le podrás dar a otros es verte crecer aún bajo presión.

- La evidencia del crecimiento no está en las veces que tomas el micrófono, sino en las que te preparas para tomarlo y llevar sanidad al herido.

- No culpes a nadie por tu pasado. El Señor y tú determinarán tu futuro.

- El taller de tu pasado es tu presente. Dedícale tiempo a arreglar esas piezas que te marcaron, para que en tu futuro disfrutes de la libertad de un alma sana.

- Ser líder nacional de adoración a nivel del concilio, era un gran compromiso para mí. Tener que liderar a personas que estuvieron antes que yo, y estar al frente de ellos, era un gran reto. El equipo de líderes anterior eran músicos experimentados y conocían la tarea más que yo. No niego que estaba muy asustado. Por esa razón, una de las cosas que implementé en el ministerio de adoración fue la oración como punto de inicio. Aunque sabía que no era el más experimentado, mi único recurso y material de apoyo, era la oración.

Cuando el día del campamento llegó, ya no tenía que sentarme a ver lo que sucedía, ahora estaba al frente, dirigiendo la adoración ante miles de personas. El joven descalificado que llegó a un campamento a observar desde las gradas, y que nadie veía, ahora estaba dirigiendo la adoración ante multitudes. El joven tímido que fue rechazado por la forma en que cantaba, ahora estaba en la plataforma ante líderes de todo el país. Nunca te afanes buscando una posición que ya Dios te entregó. Lo que es tuyo, nadie podrá quitártelo, y en Su tiempo las cosas sucederán.

En ese primer día del campamento no solamente oficiaba como líder, también nos presentábamos por primera vez como el Grupo Grace. Ese evento marcó un hito en nuestra historia. Desde ese día se abrieron las puertas a nuestro favor.

Durante los siguientes cuatro años continué siendo el líder de adoración a nivel del concilio en los campamentos, con la única intención de guiar a una generación a los pies de Jesús.

Nunca olvides que Dios eligió a Moisés siendo tartamudo. No olvides que Dios eligió a Pedro a pesar de que su carácter aún no estaba formado. También eligió a Pablo, que tenía un aguijón que lo atormentaba, y te eligió a ti y a mí, pecadores imperfectos.

EXPULSA LO QUE ALTERA TU DESTINO

En una ocasión, mientras estaba en la sala de la casa, Rafa se acercó y me dijo: *«Quiero ayudarte a sanar esas áreas de tu vida, de tu carácter, que aún reflejan dolor»*. Al mencionarme esto, comencé a llorar fuertemente y a decirle: *«Quiero cambiar. Quiero ser mejor persona»*.

Nunca olvidaré ese día, porque tomé la decisión de romper con un pasado que me arrastraba constantemente a la desvalorización, a la descalificación, a sentirme menos que los demás. Quería deshacerme de un pasado que constantemente jugaba con mis emociones, haciéndome ver ante los demás como un joven de carácter fuerte y muchas veces hasta orgulloso.

Durante muchos años, la falta de afecto durante mi niñez me hundió en la timidez que gobernaba mi interior. Todos los días antes de levantarme, el sentimiento de ansiedad, de culpa y de desánimo golpeaba mi pecho, quitándome el aire sin saber cómo resolverlo. Rafa es una de las personas a las que Dios usó para ayudarme a sanar y encontrarle el verdadero sentido a la vida a través del amor genuino de Cristo.

Así fue como comencé a trabajar mis heridas de una manera distinta a como solía hacerlo. En vez de esperar recibir amor, comencé a darlo, aunque no me lo retribuyeran, aun cuando nunca me llamaran para decirme que me amaban. Me determiné a practicarlo de esa manera. Esa fue la parte más difícil: buscar la forma de demostrarle a mi familia un amor que ellos nunca me habían podido dar. Ahora me tocaba a mí enseñarles a ellos. Esta es la manera de cortar una maldición familiar generacional.

Quiero recordarte que naciste con la palabra de rompimiento que llevará liberación a tu casa. No te acostumbres al sistema de maldición que encontraste al nacer. Tú eres ese hijo que romperá con toda maldición generacional y tu casa verá la mano de Dios a través de ti. Eres el José que llevará comida a su familia y su casa no morirá de hambre (Génesis 47:12).

EL SONIDO QUE EL MUNDO NECESITA ESCUCHAR

En 2016 lanzamos nuestro primer sencillo como Grupo Grace, titulado *«Ven llénanos»*, y poco después nuestro primer disco, *«El río de Dios»*. Ese año marcó un precedente en nuestro ministerio.

Amós Ferreras se convirtió en un mentor clave. Una vez, al verme desanimado, me dijo: *«No escondas tu voz. Hay un sonido en ti que el mundo necesita escuchar».*

Esa palabra quedó grabada en mi corazón. Aprendí que el miedo solo limita y esconde los tesoros que Dios ha puesto en nosotros; comprendí que la vida es un riesgo, pero es en esos pasos de fe donde encuentras propósito y plenitud y donde entiendes que lo que Dios puso en tus manos no es para esconderlo, sino para alumbrar el mundo.

> *«Nadie enciende una lámpara para esconderla, o para ponerla debajo de un cajón. Todo lo contrario: se pone en un lugar alto, para que alumbre a todos los que entran en la casa»*
>
> LUCAS 11:33 TLA

No culpes a tu pasado ni a las circunstancias; permite que Dios transforme tus heridas en un testimonio vivo. Hoy eres llamado a ser luz en medio de las tinieblas. Desde ese día hice esa palabra parte de mí, y aun en mis grabaciones las mencionaba creyendo que Dios me dio una antorcha para alumbrar a una generación. El miedo te limita y te esconde de los grandes tesoros que Dios tiene guardados para ti, y también de tu propósito. La vida se trata de arriesgarse, aunque tropieces. Se habla más de aquellos que se arriesgan que de quienes nunca hacen nada. ¡Avanza!

«No escondas tu voz, el sonido que Dios ha puesto en ti, necesita ser escuchado.»

CAPÍTULO 12

No pierdas de vista la promesa, mantente en el altar

«Haznos volver a ti, Jehová, y nos volveremos; renueva nuestros días como al principio.»

LAMENTACIONES 5:21 RVR95

Había una petición que ardía profundamente en mi corazón. Durante semanas, me arrodillaba frente a mi cama, orando y llorando con fervor. En mi casa de Antigua, la crisis económica golpeaba con fuerza a mi familia. Yo deseaba más que nada honrar a mis padres y ayudarles en medio de su necesidad, en agradecimiento por todo lo que habían hecho por mí.

De todos mis hermanos, fui el único que dejó la isla, obedeciendo el llamado de Dios. Sin embargo, aunque había salido físicamente, mi corazón seguía unido a ellos. La distancia hacía que el peso de no poder ayudarles se sintiera más grande.

Comencé una búsqueda laboral y encontré una oportunidad en un centro de llamadas internacionales en inglés. Allí completé el formulario de aplicación y me pidieron que regresara al día siguiente. Al hacerlo, la encargada me dijo algo que nunca esperé escuchar: *«He atendido a muchas personas que vienen a buscar trabajo, pero en ti veo algo diferente. Aunque calificas para esta tarea y quiero dártela, siento que no perteneces a este lugar»*. Salí de allí muy triste y, al mismo tiempo, con muchas preguntas en mi mente.

Decidí no rendirme. Conseguí un auto y empecé a trabajar como conductor de Uber. Mientras pasaba el tiempo, las deudas continuaban aumentando. Un día, un pasajero subió a mi auto, me miró fijamente y dijo: *«Tienes ropa de conductor de Uber, pero un corazón de naciones. Este no es tu lugar»*. Aquellas palabras resonaron profundamente. Si bien no entendía cómo, sabía que Dios me estaba hablando a través de un extraño.

Yo quería ser un *«adorador empresario»*, que no tuviera que depender del llamado para poder ayudar a mi familia. Comencé a pedirles prestado a los bancos y a endeudarme con las tarjetas de crédito.

Seguí intentando crecer económicamente e instalé un negocio de comidas, y después otro de celulares. Creía que estaba prosperando, pero en verdad, cada día me estaba enterrando más. Los negocios no crecían. Todo comenzó a menguar y a desmoronarse. Estaba físicamente desgastado y agotado. Esto era el resultado de intentar avanzar desde mis propias fuerzas.

EN EL ALTAR TE CONOCÍ, EN EL ALTAR ME QUEDO

El año 2019 finalizó con un cambio radical: la pandemia del COVID-19. El mundo entero se paralizó. Nadie podía trabajar ni salir a las calles. Parecía que formábamos parte de una película de terror.

Ese mismo año, antes de que el mundo fuera llamado a cuarentena, mi madre había viajado a República Dominicana para pasar unas vacaciones conmigo. Justo antes de regresar a Antigua, cerraron todos los aeropuertos y mi madre no pudo regresar.

Mis negocios cerraron, mi trabajo como conductor desapareció y mi situación económica tocó fondo.

Una mañana, todavía arropado en mi cama, con lágrimas en los ojos, incapaz de soportar más carga de la que llevaba sobre mí, oré: «*Padre, no puedo más. He perdido todo. Dame una salida*».

En ese momento, Dios habló a mi espíritu y me dijo: «*Cuando me tomes en serio, yo te tomaré en serio a ti*». Esa frase me sacudió. Recordé los tiempos de oración en Antigua. Ese era el lugar donde Dios quería verme: el altar, mi refugio. Había perdido de vista mi verdadero propósito.

En plena pandemia, me reposicioné y nos mudamos a una casa vacía, que estaba en construcción. Decidí dedicar ese tiempo a buscar a Dios y escribir canciones para nuestro nuevo disco.

Un día, mientras me duchaba, Dios trajo a mi memoria la palabra altar. Me trasladé a mi adolescencia, donde el altar era mi sitio favorito en el templo. Comencé a meditar profundamente en ella y me vino una frase que se transformó en canción y cambió mi vida: «*En el altar te conocí, y en el altar me quedaré*».

Comprendí que el altar no era solo un espacio físico, sino un estado del corazón. Era el sitio donde dejaba mis cargas y recibía fuerzas para avanzar. Recordar esto fue un reflejo de mi decisión: regresar al lugar donde todo comenzó.

No sabíamos que en esas dos semanas que nos habíamos dedicado a escribir, Dios nos daría la canción que provocaría un giro a nuestro ministerio y que nos abriría las puertas al mundo.

Cuando nos preparamos para grabar nuestro segundo disco. No podíamos invitar a participar a otros adoradores a causa de la distancia sanitaria que la cuarentena exigía. Y aunque las condiciones eran estrictas, con el apoyo de Amós Ferreras obtuvimos algunos permisos solo para el equipo que estaría en la grabación. Así fue como logramos grabar el nuevo disco acompañado de grandes adoradores y amigos que han revolucionado el mundo de la música cristiana. Doy gracias a Dios por la vida de los integrantes del Grupo Barak, quienes colaboraron en la canción «*La promesa*», y por los amigos de Oasis Ministry, quienes participaron en «*Los brazos de papá*».

DE REGRESO AL PLAN ORIGINAL

A lo largo de todo mi proceso, Dios me enseñó que no lograría nada haciéndolo a mi manera, sino a Su manera. Que no dependía de mis fuerzas, sino de Sus fuerzas. Que por más que corriera por otro camino, Él me alcanzaría. Porque no lo lograría con mi diseño, sino con el que Dios me había dado antes de nacer. Por esa razón mis proyectos se derrumbaban. Mis emprendimientos no prosperaban, y mis bolsillos estaban vacíos.

Si Dios tiene que mover la barca como lo hizo con Jonás, y provocar que te trague un pez para luego vomitarte en la esfera de tu propósito, Él lo hará para que su diseño se cumpla. Al igual que Jonás, intenté huir de mi llamado, pero Dios usó las circunstancias para devolverme a mi propósito.

Dios me hizo entender que mi lugar no estaba en un negocio de comida ni tampoco en conducir un Uber, sino en viajar a las naciones alcanzando almas para Cristo.

Quizás sientas que Dios no te está escuchando o que no le está prestando atención a tu ministerio. Hasta te has sentido decepcionado o atribulado, pero debes saber que cuando Dios promete, cumple.

> *«Dios no es hombre, para que mienta, ni hijo de hombre para que se arrepienta. Él dijo, ¿y no hará? Habló, ¿y no lo ejecutará?»*
>
> NÚMEROS 23:19

El desafío más grande para un hombre de Dios, es aprender a caminar sin ver lo que hay por delante, solo creyendo en Sus promesas por medio de la fe. Esperar el cumplimiento de una palabra es difícil, porque la espera, muchas veces, desespera. Pero esperar en Dios es subir los escalones necesarios para que, cuando llegue tu tiempo, todos tus exámenes estén aprobados.

Quizás formas parte de un grupo de adoración, de un ministerio evangelístico o eres pastor de una iglesia, y hace años que estás esperando la respuesta a una promesa. No desesperes, los tiempos de Dios toman años de preparación para que puedas recibir todo lo que te prometió en un solo día.

> ## "EL DESAFÍO MÁS GRANDE PARA UN HOMBRE DE DIOS, ES APRENDER A CAMINAR SIN VER LO QUE HAY POR DELANTE."

Amado lector y amigo, si te encuentras en el sitio correcto y en el momento correcto, la bendición correcta se desatará de acuerdo con el tiempo perfecto de Dios. Recuerda: «*Nunca prosperarás en el lugar equivocado*».

A pesar del caos global a causa del COVID-19, Dios nos mostró un propósito y una visión aún mayor: levantar una generación comprometida con el altar. Una generación que no se postrará ante el sistema babilónico de este mundo.

En un tiempo donde miles y miles de personas perdieron la vida, en que muchas iglesias cerraban y otras quedaban en pausa, Dios mostró Su misericordia hacia nosotros y el Grupo Grace experimentó un crecimiento sobrenatural.

El disco *«Libres»* marcó nuestras vidas, nos abrió puertas y nos llevó hacia un nuevo nivel. *«Los brazos de papá»*, más que una canción, se convirtió en una visión para estos tiempos, en un llamado a la humanidad a volver al fuego del Espíritu Santo. Esta canción ha dado la vuelta al mundo y ha bendecido a millones de personas que reconocieron que Él es nuestro padre, y que fuera de Él, nada podemos hacer.

UNA GENERACIÓN DE ALTAR

A comienzos del 2021, el mundo abrió sus puertas nuevamente y todo volvió a la normalidad. Desde ese momento hasta hoy hemos vivido años de promesas cumplidas.

Luego de *«Los brazos de papá»* y algunas otras canciones como *«Sucederá»*, ft. Cales Louima y Matty Martínez, comenzaron a resonar en el corazón de la gente. Iniciamos giras internacionales y a viajar por todo el mundo. Dios nos sorprendió tanto que, por medio de la música, las puertas económicas se abrieron y mis oraciones fueron respondidas.

Todo lo que un día mis padres sembraron en mí, han podido cosecharlo. Hoy puedo decir que, a través de mis manos, mi familia es bendecida. Ahora Dios me ha dado el privilegio, por su gracia y misericordia, de ver a mi familia todas las veces que puedo.

Estoy profundamente enamorado de Dios, de Aquel que se me reveló en aquella pequeña iglesia en Antigua. Hoy estoy comprometido con el altar y dedicado a incentivar esta visión en todo el mundo. No importa cuánto tiempo haya pasado desde que lo conocí, pero el mismo amor que sentí una vez por Él, es el mismo que siento hoy y aun mucho más. No quiero otra cosa que no sea estar en el altar de Dios y habitar bajo sus alas, porque en sus atrios hallé el perdón de mis pecados. Sin importar mi condición, Él me salvó.

Al escribir estas líneas, estoy convencido de que Dios hablará a tu corazón. Oro para que el fuego del Espíritu Santo sea derramado sobre ti ahora, llevándose toda frialdad y toda sequía espiritual, para que el fuego de Dios arda de continuo en tu corazón.

> *«El fuego arderá continuamente en el altar; no se apagará. Esta es la ley de la ofrenda: La ofrecerán los hijos de Aarón delante de Jehová ante el altar. Y tomará de ella un puñado de la flor de harina de la ofrenda, y de su aceite, y todo el incienso que está sobre la ofrenda, y lo hará arder sobre el altar por memorial en olor grato a Jehová»*
>
> LEVÍTICO 6:13-15

Al mismo tiempo, Dios estaba haciendo una obra sobrenatural en mí. Poco a poco comencé a manifestar el amor en palabras y en hechos. Me costaba mucho decirle a alguien que lo amaba, pero bajo el formato de la familia Tejada, más que palabras, el amor era un hecho que se vivía día a día. Haber convivido con ellos y verlos cómo se amaban y lo demostraban, me ayudó a que yo también pudiera adoptar un lenguaje de amor.

Tú eres conforme a quien te rodeas, y te comienzas a parecer a las cinco personas más influyentes a tu alrededor. Únete a aquellos que animen tu fe y te ayuden a sanar.

Hay quienes nunca logran superar etapas, porque siguen con las mismas personas que conocieron en el comienzo. El primer escalón no es igual al segundo, y muchas veces, quienes están contigo en el primero, no estarán en el segundo.

"TÚ ERES CONFORME A QUIENES TE RODEAN, Y TE COMIENZAS A PARECER A LAS CINCO PERSONAS MÁS INFLUYENTES A TU ALREDEDOR."

Mientras más alta es la cima, más solitario estarás y menos amigos tendrás. Porque arriba están los expertos en soportar la presión, y no todos logran llegar ahí. Habrá amigos que comenzaron contigo, pero la presión será tan fuerte que no soportarán. No los retengas. Déjalos ir. Porque al final, una buena amistad puede convertirse en un obstáculo que traerá maldición a tu destino profético. Ya que, cuando alguien que está cerca de ti no está dispuesto a caminar una milla extra, se convertirá en tu enemigo y en una carga que te desviará del propósito. Rodéate de personas que hablen tu mismo lenguaje. Inspírate en aquellos que tienen lo que buscas, porque cada nivel tiene un lenguaje diferente y debes elegir bien a quienes caminarán contigo hacia la visión que Dios trazó para tu vida.

CUANDO DIOS DA UNA PALABRA, ÉL CUMPLE

En 2021, nuestro primer evento, *«Encendiendo el altar»*, fue en Antigua. Ese mismo año Dios me habló acerca de levantar un movimiento en República Dominicana que hasta la actualidad continúa celebrándose y se llama *«Conferencia Altar»*.

Dios me sorprendió al ver cómo este ministerio ha crecido tanto y tuvo la aceptación de toda la nación, causando un eco en el mundo. Personas de todos los países visitan República Dominicana cada 16 de agosto, para celebrar el *«Día Nacional de la Adoración Conferencia Altar»*.

El primer año asistieron más de 500 personas. En el 2022, más de 6 mil personas. En el 2023, más de 11 mil se reunieron a adorar al único que se merece toda la gloria y toda la honra. Y a partir de ese entonces el número ha ido creciendo en varias naciones del mundo.

Todo comenzó en mi pequeña habitación, en la isla de Antigua. Allí Dios me mostró por medio de sueños, escenarios, luces y multitudes. Ahora puedo decir: *«Valió la pena la espera»*. Nunca me quejaré por los años de proceso que pasé. Más bien le doy gracias a Dios por permitir que el proceso me ayudara a sanar, y ahora tener oportunidad de ayudar a otros, que están donde yo estaba, a ser sanos. Dios no tiene límites. Lo que Él prometió, lo cumplirá por sobre toda adversidad.

SUENA EL ARPA

Cuando el arpa está ungida
Fluye la unción del cielo.
Prodigios y maravillas
Se manifiestan aquí.

Cuando el arpa está ungida
La tierra se estremece.
Su atmósfera se establece.
Por Su gloria y Su poder.

Sonaré, sonaré.
Con mi alma, adoraré.
Y atraeré los diseños del cielo.
Y lo que no es Tuyo, tendrá que correr.

Cuando estés listo, Dios te enviará a buscar para que suene tu arpa. Con letras como estas, mi intención no solo es que conozcas mi historia, sino encender la luz que te guiará cómo llegar a tu destino por encima del rechazo.

CAPÍTULO 13

Las decisiones que tomes afectarán tu destino

"La sanidad es una decisión, y la única manera de lograrla es soltando todo lo que por años no has podido dejar ir."

Durante muchos años, mi vida fue como la de José, el que menciona la Biblia. Aquel joven que fue vendido, rechazado, descalificado y traicionado, con el único fin de llegar al palacio y desde allí ayudar a su familia.

Si miras tu vida a la distancia, notarás que hay áreas en las que no has podido avanzar, y por más que quisieras ayudar a otros, no puedes lograrlo porque primero debes ser sano y superar esas etapas que más adelante te permitirán socorrer a otros.

Experimentarás la etapa del surgimiento de un sueño, pero también la de su persecución. Te enfrentarás a la fase del rechazo y, por supuesto, a la oscuridad de la cisterna. Vivirás el período de ser esclavo y también el de tomar decisiones, como, por ejemplo, cómo terminar cada proceso y enfrentar las barreras que te impiden dar el siguiente paso.

Por mi parte, decidí sanar las heridas que marcaron mi vida. Decidí amar, aunque nunca había recibido ese amor. Decidí darlo todo y hacer lo que nunca hicieron conmigo.

Desde el 2022 comencé a establecer una relación más cercana con mis padres y mis hermanos, cuyo único objetivo era cultivar más el amor familiar. Cada vez que nos reuníamos, me sentaba junto a mis padres para besarlos, abrazarlos y decirles cuánto los amaba. Para ellos era muy extraño verme hacer esto, ya que nunca me enseñaron a dar amor. Pero el afecto no se enseña pidiéndolo, sino dándolo y demostrándolo.

En la casa de los padres de Rafael tenían la costumbre de compartir almuerzos, cenas y otras celebraciones en familia para pasar tiempo juntos y relacionarse. En todas esas oportunidades sentía que el amor genuino brotaba de ellos. Y durante los años que compartí con ellos, adopté esa hermosa costumbre.

Así fue como en el 2023 planifiqué la primera cena familiar en un restaurante de Antigua. Invité a mis padres y a todos mis hermanos. Allí les abrí mi corazón y expuse lo que por años me había reservado. Luego de contarlo, sentí paz en mi corazón. Los abracé y lloramos juntos. Como resultado de ello, el altar familiar quedó restaurado. Nunca habíamos tenido una salida juntos ni habíamos estado sentados en una misma mesa para comer. Fue algo grandioso y una gran victoria para mí. Ya que por mucho tiempo la distancia del alma que teníamos era más lejana que la física.

¡No permitas que la maldición gane! Naciste con una palabra profética de parte de Dios para romper toda maldición que afectara tu familia. Al principio de tu historia, muy pocas personas se detendrán a mirar tu estructura, porque en una construcción casi no se ve. Pero cuando está terminada, la estructura es la esperanza de las que aún están en edificación.

Tú eres la esperanza de aquellos que están atravesando lo mismo que tú viviste. ¡No te rindas en el camino! Aunque no te acepten. Aunque te descalifiquen. Aunque solo vean en ti lo peor y no logren contemplar más allá de sus ojos naturales, recuerda que Dios ya diseñó la ruta que te llevará al destino que tiene para ti.

LAS DECISIONES CORRECTAS TE DARÁN LIBERTAD

Decidí darles a mis padres lo que ellos nunca recibieron de los suyos. Estoy comprometido en darles el amor que necesitan y a honrarlos toda mi vida. Tal vez hubiera deseado tener padres que me hubieran dado mucho amor durante mi crecimiento, pero ellos no podían ofrecerlo si nunca tuvieron un modelo que les haya enseñado a dar afecto y amor en la familia.

Viajar a tierras lejanas y dejar atrás a mis seres queridos fue la forma que Dios utilizó para retomar el camino que por generaciones habíamos perdido como familia. Mis padres no recibieron una buena crianza, ya que crecieron en familias donde se practicaba todo tipo de brujería, un camino de maldición. Pero Dios preparó una salida de esa condenación y me usó como modelo para dar lo que no habían recibido. Pude abrazar cuando nunca me habían abrazado, y besé cuando nadie me había besado.

Hoy puedo decir abiertamente estas palabras: «*Papá, mamá, hermanos: Mi corazón está enormemente agradecido por todos ustedes. Los amo con todo mi corazón. Agradezco a Dios por sus vidas y por ser ese canal que hoy me anima a inspirar a otros a perseguir sus sueños. No tengo palabras para describir lo agradecido que estoy. Si no fuera por ustedes, no estaría escribiendo estas líneas. No decidí dónde nacer, pero sí decido cómo quiero morir. Mi vida tomó otro color cuando descubrí que amar es dar sin esperar nada a cambio. ¡Familia, los amo!».*

Ahora, mientras lees estas páginas, tal vez estés atravesando una situación similar a la mía. Has sido lastimado y rechazado. Sé que es difícil perdonar, amar y reconciliarte con aquellos que te hicieron daño. Pero permíteme recordarte que, el amor cubre errores, y que perdonar es la clave para la liberación de tu alma.

«Y ante todo, tened entre vosotros ferviente amor; porque el amor cubrirá multitud de pecados»

1 PEDRO 4:8

EL PERDÓN NOS HACE LIBRES

¡Perdoné! ¡Me liberé! Arranqué de mí todo aquello que me impedía crecer y, sobre todo, fui libre de las opresiones del pasado. Entregué lo que ya no me pertenecía: el temor, el rechazo, la baja estima, la ausencia de amor. Todo lo deposité a los pies del Señor. Recordé que cada clavo en las manos de Jesús tenía escrito mi nombre. Él cargó con todos mis problemas al ser crucificado, dándome la victoria por medio de Su sangre.

Por muchos años mi alma lloró desesperadamente en su deseo de ser libre, pero Dios tenía el plano diseñado de cómo lo lograría. Muchas veces tu libertad no llegará de inmediato, no porque Dios no lo quiera, sino porque hay situaciones que demandarán un proceso de etapas y enseñanzas.

"PERDONAR ES LA CLAVE PARA LA LIBERACIÓN DE TU ALMA."

Quizás no entiendas el porqué de tu proceso o la razón del ataque del enemigo a tu vida, tu ministerio y tu familia; pero sabes que *a todo aquel a quien se haya dado mucho, mucho se le demandará* (Lucas 12:48), y tú no eres la excepción. Eres la próxima/o guerrera/o a quien Dios estará levantando para guiar a una generación que será transformada por el testimonio que reflejan tus cicatrices.

Si logras superar todos los obstáculos que se han cruzado en tu camino desde tu nacimiento, estas palabras serán las que definirán tu vida y tu ministerio:

1. Resistencia
2. Persistencia
3. Fe

- Aunque la carga sea difícil, resistirás el peso y la presión que conlleva tu llamado (Santiago 4).
- Aunque te rechacen, persiste en lo que Dios dijo de ti (Juan 1:11-12).
- Aunque te descalifiquen, recuerda que tener fe es creer en lo imposible. (Génesis 18:14)

- Aunque otros vean el producto terminado, debes estar seguro de que Dios está en control y cumplirá todo lo que te dijo (Hebreos 11:1).

El rechazo no me detuvo. Las palabras que marcaron mi vida, tampoco. La falta de un *«te amo»* no interrumpió el plan que Dios había diseñado para mi vida. La maldición generacional que perseguía a mi familia no pudo permanecer, porque Cristo rompió toda atadura.

Decidí escribir este libro para animarte y decirte que, si yo pude lograrlo, en Cristo Jesús, tú también lo lograrás. Tu sanidad dependerá de tus decisiones, de las personas con las que te relaciones y del interés que muestres por ser sanado.

Si has atravesado algo similar a lo que yo he vivido, busca ayuda y déjate ayudar. No retengas nada que no te pertenezca. Habla con alguien de confianza, y sé sano. A veces paralizamos la sanidad porque queremos darle tiempo al tiempo, y de esa manera las heridas crecen, y te conviertes en un depósito de desechos. Pero Dios quiere que seas limpio y libre de todo lo que te afecta y te quita la libertad.

DIOS SACARÁ ALGO BUENO DE AQUELLO QUE PARECÍA DESGRACIA

Nadie tiene la culpa de tu desgracia, ni tus padres, ni tus hermanos, ni siquiera tú mismo. Sin embargo, tú tienes la llave para decidir cómo quieres seguir viviendo. No te victimices más. No decidiste dónde nacer, tampoco tenías opción de elegir quiénes serían tus padres o tu familia. Sin embargo, ya que Dios te dio la oportunidad de vivir, permite que Él cambie el rumbo de tu historia. Entrégale todo en Sus manos.

"TU SANIDAD DEPENDERÁ DE TUS DECISIONES, DE LAS PERSONAS CON LAS QUE TE RELACIONES Y DEL INTERÉS QUE MUESTRES POR SER SANADO."

Luego de tantos años de un proceso de sanidad emocional. En el 2024 viví uno de los momentos más lindos de mi vida junto a mis padres. Viajamos por primera vez a Nueva York, a dos de los eventos más importantes de los que el Grupo Grace ha participado. Uno en el United Palace y otro en el Ritz Theatre, ambos conciertos con la venta de entradas agotadas.

Durante el evento podía mirarlos desde la plataforma, y mi corazón lloraba. Fueron muchas las oraciones y las lágrimas derramadas hasta llegar a vivir ese día en el que podía honrarlos y darles lo que nunca recibieron. Luego los llevé al Centro de compras para que eligieran la ropa que quisieran, y en sus rostros podía ver su alegría.

Cuando regresamos al apartamento rentado para estar esos días en Nueva Jersey, mi papá se acercó y me dijo: *«Hijo, te amo»*, me dio un beso en la frente, y comenzó a llorar. En ese instante quise ser fuerte, pero no pude aguantar tanta emoción. Mi papá no comprendía el verdadero significado que ese beso y ese te amo, tenían para mí. ¡Lo había esperado durante tantos años! Cuando lo recibí, correspondí de inmediato a ese amor.

Por muchos años busqué el amor egoístamente. Todo lo quería para mí. Pero en mi proceso de sanidad aprendí que amar no es pensar solamente en ti. Entendí que amar es darlo todo, aunque no recibas nada. Es ser incondicional y comprender que no puedes exigir lo que no das.

Dios me enseñó que ninguna persona debe ser tratada como yo, porque nadie tiene la culpa de mi historia. Aprendí también que, reestructurando mi pasado, me aseguraba el futuro de mi generación.

En mi corazón había un gran deseo por ser sano, y le había pedido a Dios tantas veces que me sanara, pero creía que Él no me respondía. Luego me di cuenta de que aquello que pedía era lo que yo tenía que entregar. Rendí el temor, el orgullo, la ansiedad, el rechazo, la ausencia de amor y todo lo que no me pertenecía y que estaba ocupando el lugar equivocado.

«Venid a mí todos los que estáis trabajados y cargados, y yo os haré descansar. Llevad mi yugo sobre vosotros, y

aprended de mí, que soy manso y humilde de corazón; y hallaréis descanso para vuestras almas; porque mi yugo es fácil, y ligera mi carga»

MATEO 11:28-30

Luego de todo lo vivido, mis amigos y quienes me rodeaban, comenzaron a notar cambios significativos en mí. Ya no era el David que siempre estaba triste, tampoco el tímido que se escondía y vivía una vida alejada de los demás. Mis decisiones acertadas al entregarle todo a Dios, resultaron en una vida diferente. Sentí que una enorme carga se había desprendido de mí y lo que la gente veía era una estructura que estaba bien armada y en proceso de avance.

EL RECHAZO NO DEBE SER TU ÚLTIMA ESTACIÓN

Cierta vez, caminando por la gran terminal de trenes en Nueva York, mi mente reconoció que cada estación tiene una parada donde descienden y ascienden pasajeros. Pero cada persona decide en qué estación necesita descender. Cada uno de ellos tiene un destino en su mente, y debe quedarse en el lugar que le corresponda.

La vida es como una terminal de tren. Tú decides dónde quedarte, y qué tan lejos quieres llegar. En el tren de la vida hay estaciones llamadas *«desierto»* y tendrás que atravesarla para llegar a tu próxima estación. Hay estaciones que pueden ser llamadas *«rechazo»*, por las que el tren tendrá que pasar y tú tomarás la decisión de bajarte allí o de avanzar hacia la siguiente estación. Estas paradas son los escalones que tendrás que atravesar día a día, pero solamente tú decidirás dónde quedarte. Pero debes saber que el rechazo no es tu última estación.

Si como hijo fuiste marcado por palabras que por años llevas guardadas en tu corazón, y no has podido superar el dolor que te causaron. Si creciste solo, sin el cuidado de tus padres, y esto ha provocado que se formaran en ti raíces de amargura, quizás hay ciclos que debas cerrar.

Quiero asegurarte de que te entiendo. Sé lo que es sentirse rechazado y falto de amor. Comprendo cuando dices que nadie te quiere o crees que no sirves. También experimenté el deseo de morir. Sentí ese vacío que te lleva al sentimiento de querer quitarte la vida porque no le encuentras sentido. Pero ese no es tu final. Tu final tiene otra cara. Tu final dice cosas lindas de ti. Tu final habla de un guerrero que no abandonó la guerra. Tu final no dice *«rechazo»*, sino *«lo logré»*. Tu final no dice *«derrotado»*, sino *«más que vencedor»*. No eres el fracasado, sino la obra en construcción que está a punto de finalizar su última etapa.

Quizás te ha sido difícil soltar y desligarte de un lazo emocional que, mientras más aprietas, más daño te causa. Buscaste la aprobación de las personas y el amor que nunca recibiste. Pero debo decirte que nadie llenará ese vacío y nunca te sentirás saciado, porque una persona emocionalmente enferma es insaciable. Debes decidir sanar.

> ### "LA VIDA ES COMO UNA TERMINAL DE TREN. TÚ DECIDES DÓNDE QUEDARTE, Y QUÉ TAN LEJOS QUIERES LLEGAR."

La sanidad es una decisión, y la única manera de lograrla es soltando todo lo que por años no has podido dejar ir. Rodéate de personas que contribuyan a tu libertad. Sobre todo, debes reconocer que tienes al Padre que lo ve todo en todo. Él es quien conoce nuestras aflicciones y debilidades. Cuando le pedimos a Él, es fiel y justo para respondernos.

Y acerca de cómo te ves, debes saber que, independientemente de tu imagen, eres la princesa o el príncipe que Dios creó. No tienes que buscar la opinión de otros para calificar tu belleza. Dios te hizo a su imagen y semejanza. Por lo tanto, te hizo perfecto. ¡Sonríe! Mírate al espejo y todos los días repite lo importante que eres para Dios. Yo mismo tuve que hacerlo. Cada día me miraba al espejo y me recordaba lo valioso que era para Él. Necesitaba hacerlo ya que cargaba con un gran desorden emocional que me hacía vulnerable ante cualquier comentario externo. Cuando Dios me hizo libre, entendí que Él no hace nada a medias, todo lo hace perfecto.

> **"LA SANIDAD ES UNA DECISIÓN, Y LA ÚNICA MANERA DE LOGRARLA ES SOLTANDO TODO LO QUE POR AÑOS NO HAS PODIDO DEJAR IR."**

No busques ser amado, ama primero. No busques un abrazo, abraza primero. No te detengas esperando que el mundo cambie, cámbialo tú. Pronto descubrirás que eres libre cuando puedas mantener relaciones saludables.

Luego de aproximadamente ocho años sirviendo en la Iglesia de República Dominicana como líder de adoración y pastor de jóvenes en la Iglesia de Dios de la Profecía, en Villa Juana, no pude proseguir con las tareas que tenía a cargo. La agenda internacional que Dios nos había organizado como Grupo Grace lo impedía, y con mucho pesar y alegría al mismo tiempo, di paso a otro líder de alabanza.

Te aseguro que a Dios no le importa tu pasado. Cuando Él tiene un propósito contigo, este se cumple por encima de cualquier circunstancia. A Dios no le importó todo lo que yo había pasado. Más bien, Él me fue formando a través de cada proceso para que hoy valorara mucho más lo que me ha entregado. Y aunque fueron años de mucha depresión, tristeza e incertidumbre, años de temporadas difíciles, valió la pena la espera.

Las heridas no son eternas. Lo que para mí antes eran heridas, ahora son cicatrices. Cada una de ellas refleja restauración y aprobación. Los desiertos no son eternos. Allí sanarás las heridas que se transformarán en cicatrices que serán de testimonio para fortalecer a otros. Si tu ayer te hirió, tu hoy te sana y tu mañana sanará a otros.

El hombre que tiene amigos ha de mostrarse amigo; Y amigo hay más unido que un hermano.

Proverbios 18:24

"Dios nunca te dará algo si aún no estás listo para sostenerlo en los tiempos."

En una ocasión, íbamos junto a otros jóvenes a visitar una ruina ubicada a unos cuarenta y cinco minutos de distancia. En el camino comenzó a llover tan fuerte que casi no teníamos visibilidad para avanzar, y decidimos regresar, pero uno de ellos dijo: «No podemos retroceder. Correremos hasta llegar a nuestro destino». Mientras apresurábamos el paso, veíamos más nubes, más lluvia y el cielo totalmente gris. Aun los automóviles se detenían en el camino a causa de la fuerte tormenta, pero nosotros habíamos decidido avanzar. Teníamos que llegar antes de que oscureciera. Contra todo pronóstico, continuamos y, cuando faltaban unos quince minutos para cumplirse el tiempo de llegada, vimos el sol asomar detrás de la lluvia.

El proceso en nuestra vida es como una tormenta, para atravesarla necesitarás dos cosas importantes. Primero, resistencia en medio de la tempestad, y segundo, personas que te motiven a permanecer, aunque todo se vea gris. Amigos que te digan: *«Te falta poco, sigue remando que tu victoria en Dios está garantizada»*.

Durante mi proceso, Dios me enseñó a verme como Él me ve. Siempre me veía menos que los demás, me sentía descalificado, rechazado, depresivo, triste y solo. Pero Dios me dijo: *«Quizás no tienes a tus padres contigo, pero me tienes a mí. Quizás te sientes solo, pero yo estoy contigo. Quizás te sientas rechazado, pero yo nunca te voy a rechazar»*.

NO TE ENFOQUES EN LOS GIGANTES

En varias oportunidades me pregunté por qué salí de Antigua hacia República Dominicana, y la respuesta de Dios era: *«Yo te envié para entregarte la adoración de una nación y reconstruir el tabernáculo caído de David en el mundo»*. Nunca podrás derribar gigantes cuando estás enfocado en ellos. Los gigantes se derriban cuando estás enfocado en la tierra que Dios te prometió. Es por esto que nunca podrás poseer la tierra, si tu mirada está puesta en los gigantes que moran en ella.

Goliat estaba constantemente intimidando al pueblo de Dios, pero David no dedicó tiempo a escucharlo, porque la función del gigante era desatar temor entre los que estaban oyéndolo. Dios no te mandó a mirar los gigantes ni tampoco a escucharlos. Te envió a tomar la tierra y Él se encargará de derribarlos. Así que, ten cuidado si te estás deteniendo a escucharlos, ya que somos lo que escuchamos y accionamos conforme a lo que consumimos.

Recuerda que Dios dijo que eres un adorador, un profeta, un evangelista y, sobre todo, que eres hijo del Dios que creó los cielos y la tierra. Nunca puedes detenerte a escuchar a un Goliat que quiera intimidarte. No le prestes tus oídos y cuida tu enfoque. Porque nunca serás prosperado mientras permanezcas enfocado en tu pobreza. Tampoco serás libre mientras estés enfocado en tus ataduras.

Dios siempre te preparará para hacer frente a cada desafío que se te presente. Antes de que te envíe a tomar un territorio, primero te preparará para darte la capacidad de ingresar a ese lugar. Nunca te enviará a la guerra sin armas. Primero te enseñará a usarlas, y luego te mandará a la lucha para que te defiendas con autoridad.

«Entrena mis manos para la batalla; fortalece mi brazo para tensar un arco de bronce. Me has dado tu escudo de victoria. Tu mano derecha me sostiene; tu ayuda me ha engrandecido. Has trazado un camino ancho para mis pies a fin de evitar que resbalen»

SALMO 18:34-36 NTV

CÓMO SALIR DEL RECHAZO

Para salir del rechazo fue necesario que primero identificara y reconociera el problema. Luego, trabajar en esos sentimientos que me estaban matando por dentro y afectando lo que podía lograr fuera.

1. Identificar el síntoma a tiempo te ahorrará años de dolor y de frustración. Una de las dificultades más grandes del sentimiento de rechazo es el apego emocional, el no querer soltar aquello que te hace daño. El que carga con un espíritu de rechazo siempre busca sentirse aceptado, se le hace difícil mantener relaciones estables, ya sea con amigos, familiares o parejas. Este sentimiento lleva a la persona a sentirse constantemente angustiado, ansioso o depresivo. No es feliz y no permite que otros lo sean. Es egoísta, pensando

solamente en sí mismo, y pretende que toda la atención sea siempre para sí mismo. Nunca se sienten complacidos. Siempre tienen motivos para sentirse mal. No disfrutan los momentos y son expertos en arruinar la felicidad de otros.

2. Si quieres escapar de ese espíritu, es necesario renunciar a él. Debes pedirle a Dios que arranque de ti todo lo que no proviene de Él y comenzar a hacer con otros lo que nunca hicieron contigo. Recuerda que tienes un Padre que te ama y que dio Su vida por ti, quien vela por todas tus necesidades, y abraza todas tus luchas y las aliviana.

3. Es importante profundizar al buscar la razón de ese estado emocional para perdonar y avanzar. En mi caso comprendí que, aunque las circunstancias que había vivido me habían colocado en ese estado, nadie tenía la culpa de mi desgracia, y que por más que buscara en otros la solución de cómo me sentía, no la encontraría. Quizás por años no has logrado perdonar a tu mamá o a tu papá, y los culpas por situaciones que sucedieron en tu niñez. Pero no te detengas ahí. Ese no será tu final. Toda esa acumulación de pensamientos y ansiedades que provocan las situaciones pasadas en tu vida, ponlas en las manos de Dios. Él es el único que tiene cuidado de nosotros. Él es el único que puede traer paz a nuestros corazones.

Es tiempo de que identifiques tu estado y que renuncies a él, para que puedas perdonar y avanzar hacia aquello que Dios ha preparado para ti.

«Pero olvida todo eso; no es nada comparado con lo que voy a hacer. Pues estoy a punto de hacer algo nuevo. ¡Mira, ya he comenzado! ¿No lo ves? Haré un camino a través del desierto; crearé ríos en la tierra árida y baldía.»

ISAÍAS 43:18-19 NTV

¿QUÉ DICE DIOS DE TI?

El rechazo es un sentimiento que debes contrarrestar cada día con lo que Dios dice de ti. No es solo el sentimiento que percibes cuando alguien no te acepta. A través de él hay espíritus que se filtran, por ejemplo: el de rebeldía, el de orgullo (por no querer aceptar tu realidad), el de depresión y el de ansiedad. Esto desemboca en comportamientos y actitudes como la falta de sociabilización que da como resultado la frustración y el aislamiento de las personas que verdaderamente te aman. Esos espíritus atacan tus emociones debilitando tu fe y tu creencia. También te nublan para que no logres alcanzar una salida, y hasta luchan para que nunca descubras tu liberación, y debes saber que hay áreas de nuestra vida que no serán sanas hasta que no sean expuestas.

Si quieres sanar, debes:
1. Conocer lo que Dios dice de ti.
2. Rodearte de las personas correctas.
3. No culparte más por tu pasado, sino darte la oportunidad de perdonarte a ti mismo.
4. No culpes a otros por tu desgracia.
5. Vivir un día a la vez, experimentando la gracia de Dios sobre ti.
6. Crear hábitos que te lleven a tu sanidad emocional.
7. Entregar todas tus culpas en manos de Dios, porque Él es el único que puede llenar el vacío que hay en ti.
8. Perdona y ama a quienes te hirieron.

«Porque yo sé los pensamientos que tengo acerca de vosotros, dice Jehová, pensamientos de paz, y no de mal, para daros el fin que esperáis»

JEREMÍAS 29:11

¿ESTÁS LISTO PARA EL VUELO?

Nunca imaginé tener el privilegio de ser un embajador que represente a Cristo en tantos países alrededor del mundo. Entre millones de personas, Dios me miró, me eligió por encima de un pasado de rechazo, me llamó *«hijo»* y me dio identidad por medio del ADN de Su sangre para posicionarme en mesas de reyes.

Mi vuelo estaba por despegar, y yo estaba listo para volar. Aún me preguntaba por qué Dios me había escogido a mí, incluso sabiendo que venía de una familia de hechiceros. Por más que lo multiplicara, mi diagnóstico siempre daba negativo. Pero Dios me sacó del lugar de donde nadie me veía, para exhibirme en público.

La Palabra de Dios no se equivoca cuando dice que el que busca a Dios en oración, en intimidad, Él lo recompensará en público.

> *«Mas tú, cuando ores, entra en tu aposento, y cerrada la puerta, ora a tu Padre que está en secreto; y tu Padre que ve en lo secreto te recompensará en público»*
> MATEO 6:6

Sabía que Dios tenía planes conmigo, pero nunca pensé que los aviones se iban a convertir en mi medio de transporte más usado. Mientras escribo este capítulo me río, porque lloré intentando servir a Dios con amor y pasión, y aun en medio de tantas nubes grises, sin conocer la salida, ver todo lo que Dios ha hecho en tan poco tiempo, es sorpresivo. Esto era lo que pensaba: *«Señor, tu hijo te está escribiendo estas líneas: ¿No había otro camino más corto? Esperé por más de 15 años el cumplimiento de una promesa, y con tan solo pensar el trayecto digo: ¡Wow!»*.

Pero supe que la respuesta sería: «Hijo, lo hice por tu bien, porque la presión del avión en los aires podría matarte, y decidí prepararte antes de que subieras. Si no te hubiera preparado, no estarías en el lugar donde te encuentras. Te hubieras cansado y nada podría sostener tu éxito. ¿Sabes por qué? Porque lo único que lo sostiene en los tiempos son las reservas de un proceso aprobado. Dios nunca te dará algo si aún no estás listo para sostenerlo en los tiempos. Primero te prepara para que, cuando lo tengas, le des el valor que amerita y luches por conservar esos regalos que Dios te permite tener.

Todos tenemos la oportunidad de alcanzar el éxito, pero no todos sabemos mantenerlo. Algunos hacen trampa, buscando llegar más rápido, tomando el ascensor. Otros, usando el microondas. Algunos, provocando que los demás se cansen para ellos tomar ventaja. Pero están aquellos que dicen: *«Pacientemente esperé a Jehová, y se inclinó a mí, y oyó mi clamor»* (Salmo 40:1).

Aprende a cruzar tu desierto confiado en el Señor y creyendo lo que Dios dijo de ti, sin tener que tomar atajos. Aprende a llorar, a esperar, y aunque duela, recuerda que tu desierto no es para muerte, sino para crecimiento. Y cuando crezcas, aprenderás y valorarás. Recién entonces estarás listo, porque reconocerás todo lo que tienes, lo que te costó y cómo debes cuidarlo.

¿Recuerdas la historia de Abinadab, que se había acostumbrado a tener el arca en su casa y, aun así, nada sucedía? Es que la Presencia no opera en ti si no la deseas. Dios está en todos lados, pero si no lo anhelas, no sucederá nada en tu vida. Por eso, cuando el arca llegó a manos de Obed-edom, su tierra prosperó, y Dios bendijo su casa.

Muchas veces manifestamos un éxito que no tenemos, porque presumimos lo tangible, olvidando el intangible, que es el éxito más grande que puede tener un ser humano. El número de seguidores, suscriptores o vistas en YouTube refleja personas que te siguen y que están siendo edificados con lo que haces, pero lo único que cambia es la intención por la cual haces lo que haces. Puedes tener millones de seguidores y de vistas, pero eso no garantiza el éxito de un ministerio. Este consiste en la vigencia continua de la obediencia a Dios, porque la ausencia de Su Presencia en un ministerio da a luz un fuego extraño que contamina la atmósfera. Procura no convertirte en esa persona que está detrás del beneficio y no del Dios que da los beneficios.

"DIOS NUNCA TE DARÁ ALGO SI AÚN NO ESTÁS LISTO PARA SOSTENERLO EN LOS TIEMPOS."

Un gran amigo me dijo: «*David, mantente unido a la red de Dios para que siempre tengas conexión en la tierra, porque de la única manera que puedes ser efectivo en el mundo de los vivientes es estar conectado al cielo*».

Los aviones, los autobuses y todo tipo de transporte son los medios para llevar a tiempo el mensaje de Cristo, pero esto no te garantiza la salvación. Una cosa es llevar el mensaje *«de»* Dios, y otra es llevar el mensaje *«con»* Dios. Procura que, en todas tus asignaciones, Dios vaya contigo. Él te unge para el servicio, pero tú eres el responsable de mantener Su presencia contigo.

«Permaneced en mí, y yo en vosotros. Como el pámpano no puede llevar fruto por sí mismo, si no permanece en la vid, así tampoco vosotros, si no permanecéis en mí. Yo soy la vid, vosotros los pámpanos; el que permanece en mí, y yo en él, este lleva mucho fruto; porque separados de mí nada podéis hacer»

JUAN 15:4-5

SIRVIENDO CON UN CORAZÓN LIBRE

Me encanta sentarme en los asientos que dan a la ventana del avión. Me gusta mirar hacia afuera y meditar en la grandeza de mi Dios. Cierta vez, en un vuelo de regreso de Panamá hacia la República Dominicana, venía hablando con Dios, y lloré durante todo el vuelo. Le daba gracias por haberme sacado de donde estaba y llevarme adonde ahora estoy.

En ese vuelo camino a casa, puse en mi celular una canción llamada *«Goodness of God»*, que en español significa *«La bondad de Dios»*, cantada por la reconocida Cece Williams. La letra de esta canción tocó profundamente mi corazón por haber sido testigo de Su bondad, y por esa razón no paraba de llorar. Nunca me había sentido tan agradecido como esa noche, en ese vuelo, a más de 30 mil pies de altura, llorando y dando gracias, porque Él me eligió para llevar Su Palabra a una generación que necesita de Dios.

El diagnóstico familiar no resultó ser el que todos pensaban. Nadie imaginó que viajaría por tantos países llevando el mensaje de Cristo. Más bien, mi futuro determinaba los siguientes calificativos que paralizaban mi vida: rechazado, descalificado, pobre y tantas otras cosas más.

Ahora disfruto de cada viaje. Nunca me he quejado por mi asignación en la tierra. Esto fue lo que Dios me prometió, y yo fui el Samuel que dijo: «*Heme aquí, Señor*» (1 Samuel 3:4).

En cada país al que visito, una de las cosas que me hace más feliz es escuchar los testimonios que Dios hace a través de las canciones que nos ha regalado para estos tiempos, tales como: «*Sucederá*», «*Los brazos de papá*», «*El arpa*», «*Si no me bendices, no te vas*», «*La promesa*», entre otras.

En uno de nuestros viajes a Panamá, en un evento con más de siete mil personas, mientras cantábamos «*Sucederá*» y adorábamos a Dios, trajeron a un hombre cargado por algunas personas, que estaba enfermo de cáncer y no podía caminar. Al llegar al altar, el hombre comenzó a correr el estadio completo. Ese día fue sano y libre de esa terrible enfermedad. Cuando tienes una asignación celestial, ocurren estas cosas, como escuchar los testimonios de personas que han sido sanas, libres y salvas. Esto es una gran bendición.

Aunque tomar un avión y volar por el cielo se ve como algo maravilloso por tener la bendición de poder observar el paisaje y apreciar la Creación de Dios, no es una tarea nada fácil, al contrario. En cada viaje te despides de tus seres queridos sin saber si volverás a verlos. En varios aeropuertos pasas malos momentos.

Quizás no puedes descansar lo suficiente y solo te queda tiempo para dormir en los asientos de los aviones y de los aeropuertos.

Pero estoy agradecido porque sé que hay personas que viajan veinte horas en automóvil para poder ver y disfrutar de un tiempo de adoración en nuestros eventos. Si el problema fuera tomar un avión o un medio de transporte para llegar a nuestro destino, y ver todo lo que Dios hace por medio de nuestra asignación, lo haría una y mil veces más.

TÚ ERES EL PRÓXIMO

Durante aproximadamente tres años estuve escribiendo este libro. En medio del proceso de escritura, fui sanado de heridas que habían marcado mi vida. Muchas veces tomaba una manta y me tapaba hasta la cabeza porque no aguantaba las lágrimas al recordar las etapas más difíciles de mi vida. Esas áreas dañadas fueron sanas. Nadie podía llenar el vacío que sentía en mi interior, si no entregaba mis cargas en manos de mi Padre Dios.

Hoy puedo contarte cómo Dios me libertó y adónde me ha llevado, y de esta manera testificar y decirte que tú puedes ser el próximo a quien Dios levantará.

«Echa sobre Jehová tu carga, y él te sustentará; no dejará para siempre caído al justo»

SALMO 55:22

Eres la próxima antorcha que Dios escogió para encender el corazón de multitudes. Tus angustiadores te verán como el muchachito/a inexperto/a, pero se sorprenderán cuando desafíes a Goliat frente a ellos. El luchador no gana batallas por la armadura que carga, sino por quién la porta.

Tú serás ese próximo servidor, adorador, líder, predicador, maestro, evangelista, a quien Dios confiará Su Palabra para esta generación. También serás ese Samuel que responsablemente cargará sobre sus hombros la Presencia y la cuidará. No permitas que tu pasado te limite. Dios puede utilizarlo para llevar esperanza a una generación que necesita escuchar el testimonio detrás del escenario. Ese testimonio lo tienes tú.

«Samuel estaba durmiendo en el templo de Jehová, donde estaba el arca de Dios; y antes que la lámpara de Dios fuese apagada, Jehová llamó a Samuel; y él respondió: Heme aquí. Y corriendo luego a Elí, dijo: Heme aquí; ¿para qué me llamaste? Y Elí le dijo: Yo no he llamado; vuelve y acuéstate. Y él se volvió y se acostó. Y Jehová volvió a llamar otra vez a Samuel. Y levantándose Samuel, vino a Elí y dijo: Heme aquí; ¿para qué me has llamado? Y él dijo: Hijo mío, yo no he llamado; vuelve y acuéstate»

1 SAMUEL 3:3-6

Recuerda que, más que un servicio a Dios, un ministerio o una canción. El deseo de Dios para toda una generación es que se rinda sacrificio a Él, y que cada día podamos mantener el fuego del altar encendido.

> «Y el fuego encendido sobre el altar no se apagará, sino que
> el sacerdote pondrá en él leña cada mañana»
>
> LEVÍTICO 6:12 RVR1960

«En el altar te conocí y en el altar me quedo», más que una frase, es una visión. Si sucedió en mi historia, si Dios me ayudó a vencer el rechazo, contigo también sucederá. Y tu pasado será el testimonio de tu presente para alentar y ayudar a la generación de tu futuro. El rechazo no es tu final. Tú puedes superarlo y ayudar a otros a sanar.

RECURSOS DE AYUDA

Por último, quiero que sepas que la Palabra de Dios es tu mejor arma para contradecir lo que el enemigo quiera hacerte creer, para atacar el temor y pelear contra el rechazo cada vez que quiera venir a ti. Te dejo esta lista de textos bíblicos para librar la batalla.

> «Porque te tomé de los confines de la tierra, y de tierras lejanas te llamé, y te dije: Mi siervo eres tú; te escogí, y no te deseché. No temas, porque yo estoy contigo; no desmayes, porque yo soy tu Dios que te esfuerzo; siempre te ayudaré, siempre te sustentaré con la diestra de mi justicia»
>
> ISAÍAS 41:9-10 RVR1960

> «Mas vosotros sois linaje escogido, real sacerdocio, nación santa, pueblo adquirido por Dios, para que anunciéis las virtudes de aquel que os llamó de las tinieblas a su luz admirable»

1 PEDRO 2:9 RVR1960

«¿Qué, pues, diremos a esto? Si Dios es por nosotros, ¿quién contra nosotros?»

ROMANOS 8:31 RVR1960

«Según nos escogió en él antes de la fundación del mundo, para que fuésemos santos y sin mancha delante de él, en amor habiéndonos predestinado para ser adoptados hijos suyos por medio de Jesucristo, según el puro afecto de su voluntad»

EFESIOS 1:4-5 RVR1960

«Porque yo Jehová soy tu Dios, quien te sostiene de tu mano derecha, y te dice: No temas, yo te ayudo»

ISAÍAS 41:13 RVR1960

«El Señor es tu protector; el Señor es como tu sombra: ¡siempre está a tu mano derecha! Ni el sol te fatigará de día, ni la luna te agobiará en la noche. El Señor te librará de todo mal; el Señor protegerá tu vida»

SALMO 121:5-7 RVC

«Aunque mi padre y mi madre me dejaran, Con todo, Jehová me recogerá»

SALMO 27:10 RVR1960

«Aunque un ejército acampe contra mí, No temerá mi corazón; Aunque contra mí se levante guerra, Yo estaré confiado»

SALMO 27:3 RVR1960

DL
DAVID LEWIS

 @DAVIDLEWISOFICIAL

 DAVID LEWIS

 DVDLEWIS.DL@GMAIL.COM

 DAVIDLEWISOFFICIAL.COM

 ÚNETE A MI FAMILIA DE TELEGRAM
"SUPERANDO EL RECHAZO"

"Lo que realmente importa no es de dónde vienes, sino hacia dónde te diriges."

Jeremías 29:11

mi Madre

mi Tía María, mi hermana Sujeiry y mi prima Yulisa

Aquí con Danny Tineo y mi hermano Rafa

"Valora cada etapa de tu vida, porque algún día serán parte de cada escalón que formó tu historia."

Romanos 8:28

"Ayudar es vocación llena el a[lma]. Aquí, compar[to] alimento [y] esperanza [con] niños que in[spiran] con su forta[leza] y alegría["]

primera sesión de estudio de Grupo Grace, grabando "ven llenanos" con Amós Ferrera

mi primera entrevista como solista

primera reunión con John Solano
(producción de mi primer disco como solista)

primeros 500 CDs para mi primer concierto en Antigua

"Una obra en construcción no llama la atención, y aun así, tú viste en mí algo que nadie vio."

www.ingramcontent.com/pod-product-compliance
Lightning Source LLC
Chambersburg PA
CBHW050734010526
44107CB00010B/852